D0804506

COLLECTION
FOLIO/THÉÂTRE

Victor Hugo

Hernani

Édition présentée, établie et annotée
par Yves Gohin

Gallimard

INTRODUCTION

Dès sa conception Hernani *fut un combat. En l'écrivant au mois d'août 1829, Hugo rassemblait toutes ses forces pour faire triompher une esthétique nouvelle — baptisée « romantique » — contre tous les tabous d'une Restauration exacerbée. Il se trouvait par son œuvre antérieure, et la sottise de la censure aidant, à la tête d'un mouvement qu'il considérait comme le prolongement, dans la création artistique, de la Révolution de 1789. De plus, déjà glorieux, il visait avec impatience la suprématie littéraire qui lui manquait : celle qu'on ne pouvait conquérir alors qu'au théâtre, lieu où la tradition paralysante qui se référait à Racine devait être vaincue par la modernité dynamique qui se référait à Shakespeare.*

Certes, il venait de dominer tous les précédents théoriciens du drame, *en publiant à la fin de 1827 la préface de* Cromwell. *La fonction qu'il assignait au nouveau genre n'était rien de moins que la saisie, comme en un « miroir de concentration », des conflits essentiels de la vie tout entière ; pour cela, le dramaturge devait faire apparaître la coexistence de la beauté et de la laideur en leurs paroxysmes — grâce et monstruosité, grandeur et misère, « sublime » et « grotesque ». Mais la pièce qui était présentée comme réalisant cette ambition était si longue (6.920 vers, trois fois plus qu'en moyenne une tragédie classique) qu'il l'estimait lui-même injouable. Il savait bien qu'il lui faudrait soumettre la*

*surabondance de son verbe aux normes limitatives de la représenta-
tion. Pour lors, il déclarait qu'il attendrait de disposer d'une pleine
liberté d'auteur avant d'affronter directement le public.*

*Il s'aperçut bientôt que cette temporisation — où perce quelque
crainte — risquait de faire de lui le lièvre de la fable. Son
contemporain Dumas ne fut-il pas en train de le devancer avec le
triomphe, à la Comédie-Française en février 1829, de son drame*
Henri III et sa cour *? En un seul mois — celui de juin — Hugo
écrivit* Marion de Lorme. *Le couronnement du génie était en
vue : Hugo réalisait ce que Dumas n'avait pas osé ou pas pu faire,
l'élévation du mélodrame au niveau de la tragédie, particulièrement
en utilisant, pour en bouleverser les routines, la plus noble forme de
l'esthétique classique, l'alexandrin. Bien d'autres parmi ses
audaces littéraires pouvaient scandaliser les goûts académiques ;
elles n'auraient pas en elles-mêmes troublé la vieillesse de
Charles X. Mais il y avait des valeurs morales et politiques que
le drame de Hugo mettait en question ; le couperet de la censure
tomba sur le génie : malgré l'accueil enthousiaste des Comédiens-
Français, toute représentation de* Marion de Lorme *fut
interdite.*

*L' « enfant sublime », qui avait quelque peu grandi, vit rouge,
et vit clair aussi. Il refusa toute prébende consolatrice, et se remit
aussitôt au travail. Non sans habileté tactique. De toute évidence, il
jugea qu'il ne désarmerait le monarque et ses ministres qu'en
persévérant, avec le minimum de prudence nécessaire. Toucher à
l'histoire de France pouvait être périlleux : il évoquerait celle de
l'Espagne. Ne pas magnifier la monarchie était inadmissible : à
un Louis XIII débile sous l'autorité d'un Richelieu sanguinaire, il
substituerait un don Carlos accédant énergiquement à la souveraineté
du Saint-Empire. Faire paraître sur la scène de la Comédie-
Française une prostituée, fût-elle de haute volée, était inconvenant :*
Marion de Lorme *s'effacerait pour laisser place à doña Sol,
apparemment si chaste et pure, et si admirable en sa généreuse
passion.*

L'obstination et l'adresse réussirent : Hernani *put déployer ses ailes d'aigle, quoiqu'un peu rognées, sur la scène subventionnée par l'autorité qu'il défiait*[1].

Racines

Les choix que fit Hugo en écrivant Hernani *n'étaient pas dus seulement aux contingences d'un combat. Ils provenaient pour une part de quelques-uns des plus vifs, des plus profonds de ses souvenirs d'enfance. De l'Espagne, il ne connaissait ni l'Aragon ni la Catalogne. Mais en 1811, il avait traversé, avec sa mère et ses frères, le pays basque et la Castille pour venir à Madrid, où son père était dans toute sa gloire de général et de comte à la cour du roi Joseph Bonaparte (voir ici la biographie, p. 199-200 et pour plus de précisions le* Victor Hugo *raconté par Adèle Hugo, éd. Plon, 1985).*

Ernani[2] : *nom du village où il vit pour la première fois, sur de*

1. L'histoire des représentations de ce drame est ici l'objet d'une notice, p. 214.
2. Telle est l'orthographe de ce nom sous la plume de Hugo. (En fait il s'écrit avec un H, mais cela ne peut être perçu par l'oreille, puisque le « h » n'est jamais aspiré en espagnol.) Il est donc tout à fait vraisemblable, comme on s'accorde à le dire, que Hugo a voulu donner au pseudonyme de son héros l'initiale de son propre patronyme : fait que l'on peut gloser de diverses façons, psychologiques ou psychanalytiques. J'en tire en tout cas cette conséquence : le « H » de Hugo étant habituellement « aspiré » (aspect et origine germaniques de ce nom ; cacophonie de l'élision quand il est précédé de « que »), il paraît nécessaire que le « H » de Hernani le soit aussi. Je sais que je surprendrai en allant ainsi contre l'usage. Encore puis-je m'autoriser du choix de Jean Massin (voir son édition des *Œuvres complètes*, t. III, p. 895). Il est vrai qu'il n'est pas justifié autant qu'il l'affirme par l'usage de Hugo lui-même : à ne considérer que le texte de la pièce, la balance est pratiquement égale entre les marques (élisions) d'une aspiration du « H » de Hernani et les marques contraires (cinq d'un côté et quatre de l'autre — aux vers 831, 1127, 1719, 1924). Mais ces fluctuations n'excluent pas tout au moins le parti que nous avons pris.

sombres murs, les hautains blasons de la noblesse espagnole. Ses demeures, ses châteaux le fascinèrent au cours du voyage. À Madrid, il put contempler longuement les portraits des aïeux du prince Masserano, dans la galerie du palais où il demeura tout un mois Au Collège des Nobles, durant sept mois, il eut pour compagnons des garçons de haute naissance. De son père, il connaissait déjà sans doute la lutte victorieuse contre Juan Martin et sa « bande » d'insurgés. Et derrière ce guerrier, il devait imaginer la haute figure de Napoléon, qui paraissait sur le point de recréer à sa manière et même d'élargir l'empire de Charlemagne. — À tant de grandeurs son voyage en Espagne joignit intimement les premiers émois de la sexualité et du bonheur amoureux. D'une brève « idylle » à Bayonne, de ses jeux à Madrid avec l'une des filles du marquis de Monte-Hermoso, un rêve de féminité se forma en lui que devait accomplir, des années plus tard, la rose et brune Adèle Foucher (voir à ce sujet le chapitre 33 du Dernier Jour d'un condamné).

Bien entendu, les « racines » de Hernani ne se limitent pas à ces fascinations récurrentes. Il s'y est entrelacé maintes lectures, parmi lesquelles on ne peut ici que mentionner celles des tragédies de Corneille aussi bien que des mélodrames de Pixérécourt, du théâtre de Shakespeare à celui de Schiller, de quelques pièces d'Alarcon et de Calderon, des épopées du Romancero. Tant d'influences atténuent l'importance de chacune d'elles[1]. Il s'y est ajouté en

---

1. Il faut tout de même souligner l'influence de Schiller. Non pas pour son _Don Carlos_ (1787), drame le plus célèbre parmi tous ceux qui ont pris pour sujet l'histoire d'un prince qui n'a d'autre rapport avec le futur Charles-Quint que d'être son petit-fils. Marginalement, signalons cependant qu'un personnage secondaire de la tragédie de l'Anglais Otway, _Don Carlos, prince d'Espagne_ (1676, traduction française 1822), s'appelle Ruy Gomez, comme le terrible vieillard de Hugo. Si la référence à Schiller s'impose, c'est pour son drame _Les Brigands_ (1781) ; principalement parce que son héros, le jeune Karl Moor, est le prototype le plus vigoureux du seigneur rebelle, du bandit généreux, figure d'un héros qui a proliféré dans les littératures romantiques : Hernani n'est pas le moindre de ses épigones.

dernière instance une documentation directement puisée, grâce à une bonne connaissance du castillan, dans quatre ouvrages d'historiens espagnols.

Conflits

Trois hommes désirent la même femme, doña Sol. Le roi des Castilles, don Carlos, est décidé à en faire sa favorite ; le vieux don Ruy Gomez s'apprête à l'épouser ; Hernani, chef d'une bande d'insurgés, ne peut vivre sans elle qui ne peut vivre sans lui. Aux rivalités de ces désirs deux autres actions s'ajoutent : don Carlos — son aïeul paternel venant de mourir — veut lui succéder à la tête du Saint-Empire ; Hernani — son père ayant jadis été exécuté par le père de don Carlos — a fait le serment de tuer le jeune roi. Ces conflits se rejoignent au troisième acte : Ruy Gomez refusant de livrer au roi son hôte Hernani, don Carlos prend doña Sol en otage ; Ruy Gomez révolté n'accepte alors d'épargner Hernani que pour s'allier avec lui en vue d'assassiner le roi, et à une condition : Hernani doit jurer de lui livrer sa vie à l'instant où il la lui demandera. — Premier dénouement (acte IV) : don Carlos élu empereur cède doña Sol à Hernani, lequel recouvre sa dignité de duc Jean d'Aragon et renonce à venger son père. — Deuxième dénouement (acte V) : au soir de ses noces, Hernani voit surgir don Ruy Gomez qui lui demande de tenir sa parole ; doña Sol désespérée boit avant Hernani le poison qui les unit dans la mort ; Ruy Gomez, damné à ses propres yeux par sa haine meurtrière, se suicide.

Hugo refusait de la tradition classique la règle des unités de jour et de lieu, mais non celle de l'unité d'action, principe esthétique fondamental à condition d'être souplement compris. Le drame de Hernani n'est pas simple ; mais dans sa complexité Hugo a cherché à marquer l'axe d'une convergence en lui donnant pour sous-titre, dans son manuscrit, cette formule espagnole : Tres para una. *La rivalité amoureuse peut-elle être effectivement considérée comme prépondérante dans l'action du drame ? Est-ce bien le sens profond de son unité ? Hugo lui-même a hésité, qui a sous-titré* Hernani *en 1830 :* L'Honneur castillan.

Il est vrai pourtant que les trois désirs qui gravitent autour de doña Sol confèrent à ce drame une polarité. Et cela d'autant plus que l'unicité de leur objet les assemble presque plus que la diversité de leurs sujets ne les dissocie. Doña Sol est vraiment una, *unique entre toutes les femmes, « madone » explicitement pour Ruy Gomez (v. 818 et 853) comme implicitement pour Hernani (v. 842-844). — Chacun des trois héros l'idéalise en vertu de sa beauté, tout à la fois physique et morale. Source de lumière, pareille au soleil dont elle porte le nom latin, elle fascine chacun du feu de ses yeux (cf. v. 431, 686, 773, 1022) ; elle peut briller pour le roi « comme un astre dans l'ombre » (v. 462), être pour Hernani « l'ardent foyer d'où lui vient toute flamme » (v. 1014). Source de vie, elle est, telle une mère, irremplaçable, même pour le vieillard qui espère d'elle la pitié d'une sœur avec le respect d'une fille (cf. v. 788, et d'autre part v. 519 et 536). — Son rayonnement est celui d'une âme pure. Elle ne peut dispenser que beauté, calme et bonté (cf. v. 188-189, 941, etc.). Comme toute femme aimée dans le langage romantique, mais selon un fantasme qui est chez Hugo intrinsèque au sentiment de l'amour, pour les trois hommes dont chacun l'appelle à lui elle est apparition et présence d'un « ange » (cf. v. 61, 519, 785, etc.).*

Cependant, il y a diverses façons d'aimer, et des degrés dans l'intensité du désir. En premier lieu, voici don Carlos : il ne lui est pas nécessaire que sa passion soit partagée (v. 521) ; pour conquérir doña Sol il ne compte que sur son royal pouvoir (disposant en sa faveur de titres et même de royaumes ou, contre son refus, de tous les moyens de la contrainte) ; ce qu'il peut avoir de jalousie ne l'empêche pas d'être disposé au partage (il l'offre à Hernani, v. 190, et il devait bien l'envisager en imposant à doña Sol le mariage avec le vieux duc, v. 88). Assurément doña Sol exagère en traitant sa passion d' « amourette », (v. 505) ; mais si désolé qu'il en soit, il finit par préférer au bonheur de la posséder la grandeur d'un impérial renoncement.

Plus violemment épris de doña Sol, Ruy Gomez se résignerait pourtant à n'obtenir d'elle que des « semblants d'amour » (v. 784) ; et à la mesure d'un pouvoir qui n'est inférieur qu'à celui du roi, il la comble pour l'éblouir de bijoux dignes de la duchesse qu'elle deviendrait en l'épousant ; à l'extrême, il la céderait en fait à Hernani en échange du privilège d'être l'assassin du roi (voir v. 1640-1644 et la note 1, p. 153).

Si Hernani refuse alors, pour être fidèle à son serment de vengeur, cette chance de pouvoir s'unir à doña Sol, la clémence de Charles-Quint va le désarmer tout à fait, la haine qu'il a toujours été porté à oublier se dissipera, et il n'aura plus « que de l'amour dans l'âme » (v. 1765). Amour indéracinable, d'autant plus qu'il est adoration réciproque de deux âmes qui s'épanouissent dans leur contemplation mutuelle et mystique. À travers toutes les violences du drame se succèdent les duos de leur extase (I, 2 ; II, 4 ; III, 4 ; V, 3). Mais ce sont aussi des êtres de chair : en ce pur amour l'Éros est toujours présent, le désir subsiste dans sa sublimation ; le bruit des pas, le son de la voix, la réalité charnelle de l'autre ne se dissocie pas de son essence incorporelle. Au soir de leur noce, l'impatience de Hernani se manifeste vivement, à l'intérieur même de déclarations où le mot « âme » ne peut faire illusion (« mon âme brûle », v. 1908), et surtout dans ses efforts réitérés pour entraîner doña Sol vers la chambre nuptiale. La jeune fille elle-même en retardant ce moment ne fait qu'en aviver la perspective. Cet amour est si partagé que nulle contrainte n'a lieu de s'y exercer. Ce couple idéal ne connaîtrait que moments et avenir d'harmonie parfaite, si ceux qui s'aiment étaient seuls au monde.

Mais, valeur sociale, l'honneur vient jouer contre le couple sur l'échiquier du drame. Valeur à double sens. Dans un premier temps, prédomine ce qu'elle a de généreux. Les rivaux en amour rivalisent aussi en ce domaine : don Carlos protège Hernani (acte I), Hernani don Carlos (acte II), Ruy Gomez Hernani (acte III).

*Chacun d'eux manifeste ainsi sa noblesse : Carlos celle d'un roi qui
« répugne aux trahisons » (v. 378), Hernani celle d'un vengeur qui
refuse d'être un assassin, Ruy Gomez celle d'un grand seigneur qui
veut être digne de ses ancêtres. Mais il y a aussi des degrés dans
l'abnégation : don Carlos agit avec quelque dédain à l'égard de
Hernani (v. 429) et ignore à quel point celui-ci le menace ;
Hernani, lui, a de fortes raisons de haïr le roi (l'exécution de son
père et la violence de Carlos envers doña Sol) ; et il sait le risque
qu'il prend en l'épargnant. Enfin, Ruy Gomez va plus loin : la
longue scène des portraits correspond à l'importance primordiale que
l'honneur a pour lui et à l'effort qu'il doit faire pour en maintenir
l'exigence ; lui seul, de plus, est soumis au devoir sacré d'hospitalité ; et loin de ne s'exposer qu'à quelque danger vague ou incertain,
il offre sa tête en échange de celle de son hôte, puis laisse le roi lui
enlever doña Sol. Il peut donc bien traiter d' « infâmes » Carlos et
Hernani ; ceux-ci ne le démentent pas (moins encore Hernani,
v. 1079-1088, que don Carlos, v. 1222).*

*À ce sommet où le seigneur s'élève, le pôle de son honneur
s'inverse ; la vertu du vieillard l'abandonne :*

Ma vieille loyauté sort de mon cœur qui pleure. *(v. 1246.)*

*S'agit-il seulement de sa « loyauté » envers le roi ? Le geste qu'il
fait aussitôt (prenant deux épées pour provoquer Hernani en duel)
manifeste qu'il renonce aussi et d'abord à sa « loyauté » envers son
hôte. Le serment que finalement il lui impose est tel que son exigence
d'honneur passe de l'ordre de la vie préservée à celui de la mort
imposée.*

*Ce renversement confirme et scelle définitivement le destin de
Hernani. Car sur sa propre vie son premier serment — celui qu'il a
fait dans l'enfance de venger l'exécution de son père — projette une
ombre funèbre. Cette vengeance apparaît moins comme une
entreprise qu'il dirige que comme une fatalité qui se retourne contre
lui-même. Spectre de l'honneur filial, il est toujours figurativement
à la « suite » du roi qu'il doit tuer, toujours pratiquement en*

« *fuite* » *devant lui (voir en particulier la fin de l'acte I depuis le vers 379). Il se décrit lui-même comme banni, proscrit, bandit, condamné à l'errance, entouré de périls permanents. L'échafaud le hante comme lieu où son sort est appelé à s'unir à celui de son père (cf. v. 146, 650, 654). Si hallucinante pour lui cette hantise qu'il va jusqu'à dire à doña Sol, pour tenter de la séparer de lui :* « *Tu vis, et je suis mort.* » *(v. 971.) L'impulsion amoureuse peut l'entraîner dans le fallacieux absolu de quelques instants d'extase : là même resurgit sa fascination de la mort — celle qu'il recevrait avec joie de la main de doña Sol (v. 1032).*

Celle-ci a beau opposer au désespoir de son amant une passion qui l'attache plus que lui à la vie ; elle n'a pas moins que lui conscience de la précarité de leurs bonheurs. Elle est certaine de ne pouvoir vivre sans lui. Aussi est-elle déterminée, dans le cas où elle serait forcée d'épouser le duc ou de céder au roi, à se donner la mort (cf. v. 540, 912-915, 1235-1236). Ainsi, d'acte en acte, les deux amants en reviennent toujours à n'envisager comme leur bonheur suprême que de périr ensemble.

Le drame serait donc presque fixé, figé, par rapport à une fin inéluctable — ou son dénouement seulement retardé par des péripéties adjacentes —, si les conflits combinés de l'amour et de l'honneur n'y imposaient une succession de choix[1]. *Il est vrai que toute action dramatique (mis à part les coups de théâtre dont l'auteur-dieu dispose à sa guise) ne peut procéder et progresser que*

---

1. La contrainte du choix est si prégnante dans *Hernani* qu'elle y apparaît dès le début et presque à la fin ; fugitivement, il est vrai, et presque comme un détail, mais de telle façon que les deux tonalités du drame dont les pages suivantes vont esquisser l'analyse la colorent tour à tour : dérisoire dans la parodie par le roi de la formule des voleurs, lorsqu'il enjoint à Josefa de « choisir de cette bourse ou bien de cette lame » (v. 20) ; grave sous son aspect mélodramatique, quand à Ruy Gomez qui lui impose l'épée ou le poison, Hernani marque son mépris en choisissant le moins honorable des moyens de tuer (v. 2025).

par les décisions des personnages, selon leurs passions ou leurs volontés. Mais à leur fréquence dans Hernani s'ajoute la spécificité de leurs interventions. L'amant de doña Sol, lorsqu'elle semble résignée à épouser le duc, lui adresse cette sommation : « Il faut choisir des deux : l'épouser, ou me suivre. » (v. 124.) Pour vaincre la résistance de Ruy Gomez, don Carlos en vient à cet ultimatum : « Choisis. — Doña Sol ou le traître. / Il me faut l'un des deux. » (v. 1229-1230.) Dans ces deux cas exemplaires, la réponse est immédiate, doña Sol ayant déjà pris le parti de l'amour et Ruy Gomez celui de l'honneur. Donc, nulle délibération avant l'énoncé du choix.

En quoi dès lors ces alternatives relancent-elles l'action ? Par leurs conséquences — puisque Ruy Gomez va passer du côté de la vengeance, et que doña Sol a lié définitivement son sort à celui de Hernani. Et aussi parce que leurs issues ne sont pas certaines : Hernani luttera encore contre l'engagement de doña Sol (II, 4 ; III, 4) ; Ruy Gomez n'a pas fixé d'échéance précise au serment de son rival, et il sera prêt un instant à l'annuler (v. 1640 et 1644).

Inséré dans cette thématique du choix, l'acte IV s'intègre bien à l'ensemble du drame dont il peut paraître ne développer qu'une intrigue latérale — celle de l'ambition de don Carlos. Que le grand monologue du roi ne soit pas délibératif, cela même apparente le choix qui le suivra à ceux que l'on vient de voir. Sans doute la décision de la clémence chemine en lui à partir de la parole de Charlemagne (cf. IV, 5), et elle correspond à une tendance de sa nature (cf. v. 478) ; mais elle ne devient effective que devant la supplication de doña Sol (cf. v. 1747-1754).

À y regarder de plus près, le pardon de Charles-Quint, qui couronne l'acte IV, ne constitue pas seulement un « premier » dénouement, en correspondance avec le premier serment de Hernani. Car — il faut revenir sur ce fait — le second serment du héros prolonge et renforce la problématique de l'honneur que le premier posait. Et puisque l'honneur implique une contrainte que l'on exerce sur autrui, sa valeur dépend de la finalité de cette emprise. Or il n'y a qu'une différence dans les degrés de domination entre la fierté outragée de Ruy Gomez, dont l'amour exacerbe la violence, et la souveraineté combattue de don Carlos, que durcit la perspective d'accéder à l'Empire. Le dénouement que doit comporter l'acte V se conjoint donc à celui de l'acte IV, tous deux étant réponses à une seule et même question : est-il inévitable qu'une autorité passionnée ne s'affirme et ne se soutienne absolument que par la mise à mort de celui qui l'outrage ou la combat ? L'acte IV répond non ; l'acte V répond oui. En leur succession, le oui prédomine ; mais selon la hiérarchie des pouvoirs, le non a plus de poids. La dualité subsiste donc. Et dans le dénouement s'accuse l'ambiguïté de tous les conflits du drame.

Déraisons

Ambiguïté ? Le mot apparaît insuffisant si l'on considère qu'il est impossible pour les personnages de s'affirmer, comme ils tendent à le faire, en une seule et infrangible identité : chacun d'eux au contraire se manifeste et se découvre comme un moi divisé, voire aliéné, interchangeable avec son opposé apparent, livré tour à tour aux déchaînements et aux défaillances de ses forces intérieures. On pourrait dire que les personnages de Hernani sont schizoïdes — plus que la moyenne des hommes — en tant que figures du drame qui les traverse, et parfois les emporte jusqu'à une sorte de délire verbal, de frénésie physique où résonne leur déraison.

Qu'ils puissent définir leur contradiction ne la résout pas. Don Ruy Gomez le constate en sollicitant la compréhension de doña Sol pour sa fureur jalouse : « On n'est pas maître / De soi-même, amoureux comme je suis de toi, / Et vieux. » (v. 726-728.) Conscient de la folie de sa passion (v. 1761), il est le seul que tous les autres personnages traitent d' « insensé » (Hernani, v. 79 ; don Carlos, v. 281 ; doña Sol, v. 2073). Il rêve d'être jeune et beau comme le premier « pâtre » venu, aimable donc pour doña Sol autant que l'est Hernani (cf. v. 735 etc., et v. 169, 1720) : désir que symbolise pour une part la place de Hernani derrière son portrait, équivalent de la présence latente en lui de cet heureux amant.

L'altérité des deux jeunes héros éclate dans le paradoxe de leurs relations. Il n'est pas étonnant que chez don Carlos « moi » rime avec « roi » ; mais cette rime s'accorde-t-elle en fait avec la raison, dès lors que Hernani l'articule lui aussi ? Il est vrai que pour tous les deux elle marque une opposition, mais non pas selon la logique de leur hiérarchie apparente. La conduite de don Carlos à l'acte I le fait passer d'une identité à une autre : ce n'était pas le candidat à l'Empire qui s'était introduit dans le palais de Ruy Gomez, comme il le prétendra ; c'était l'amoureux qui se fera prendre pour Hernani et devra revêtir son manteau pour être « sacré » aux yeux des proscrits (v. 625). Et réciproquement, il sacre lui-même d'une certaine façon ce possible « capitaine de bandits » en proclamant : « Jamais roi couronné n'eut mine plus hautaine. » (V. 422.) Or c'est bien à ce rang que Hernani en vient moralement à se placer lorsqu'il affronte don Carlos : « Oh ! je ne suis pas roi !·/ Mais quand un roi m'insulte et pour surcroît me raille, / Ma colère va haut et me monte à sa taille... » (v. 560-562.) Doña Sol peut donc inverser explicitement l'identité des deux personnages, en précisant : « Si Dieu faisait le rang à la hauteur du cœur, / Certe, il serait le roi, prince, et vous le voleur ! » (v. 495-496.) Il ne reste guère à don Carlos que le pouvoir de « prendre des airs de roi » (v. 1120). Il aurait trouvé sa grandeur à être « le lion de Castille », il doit en devenir le « tigre » (v. 1218-1219) ; et c'est Hernani qui est reconnu comme le « lion de la montagne » (v. 808-809). Si incertaine pour don Carlos la souveraineté qu'il prétend assumer, que devant le tombeau de Charlemagne son ambition se retourne en frayeur, sa haute visée en vertige : « À qui me retiendrai-je ?... / ... Qu'ai-je en moi ? / Être empereur ! mon Dieu ! j'avais trop d'être roi ! » (v. 1551, 1555-1556[1]). Finalement il ne peut se poser

---

1. Le vertige le saisit aussi parce qu'il se représente la place de l'Empereur non pas seulement au sommet de la pyramide des pouvoirs, mais inversement à la surface d'un abîme de forces incontrôlables : le peuple, cet océan.

absolument au niveau de la toute-puissance qu'au prix d'une profonde mutilation : « *Éteins-toi, cœur jeune et plein de flamme ! / Laisse régner l'esprit que longtemps tu troublas.* » (v. 1766-1767).

On peut voir quelques coïncidences entre cet accès de don Carlos à l'identité de Charles-Quint et la reconquête par Hernani de son nom et de sa dignité authentiques. L'un comme l'autre ne se trouvent qu'à la condition d'oublier celui qu'il a été jusque-là (*cf.* v. 1781 et 1918). Mais l'annulation qui est possible pour le roi élevé à l'Empire ne l'est pas pour l'amant qui épouse doña Sol. Captif de la violence dont ses serments le font plus la victime que l'agent, il ne peut sans illusion se livrer tout entier au bonheur de l'amour. Après don Carlos, Ruy Gomez lui apparaît comme la figure inévitable du cauchemar de sa vie. Il est condamné à être le proscrit, le banni de la joie, l'exilé de soi-même. C'est pour lui que vient s'inscrire la sentence biblique dont il pensait avoir menacé le futur tyran (*cf.* v. 1707 et 2011). Le cor qui fut l'instrument de son pouvoir sonne finalement pour le rappeler à son aliénation. Et il trouve en face de lui le spectre fatal qu'il a cru pouvoir être derrière don Carlos (*cf.* v. 411-414 et 2028-2029). Déjà la passion de la vengeance qui le soulevait contre le roi le submergeait à tel point qu'elle pouvait prendre pour lui le caractère d'une pulsion incompréhensible :

Où vais-je ? Je ne sais. Mais je me sens poussé
D'un souffle impétueux, d'un destin insensé. (*v. 995-996.*)

La folie de ce fameux monologue est maîtrisée traditionnellement par les commentateurs, qui s'empressent de l'enfermer dans une typologie du « héros romantique ». Mieux vaudrait lui laisser la singularité de sa violence. Hernani se voit rejeté du devoir de sa haine comme du droit de son amour. Le tableau réaliste, à peu près objectif, qu'il a antérieurement tracé de son existence (I, 2), fait place à la vision d'une descente démoniaque où sa vie s'en va, où son être se perd.

Entre ces trois hommes hallucinés de pouvoir ou d'impuissance, doña Sol est-elle bien l'ange pur, calme et radieux dont ils rêvent ? Joint à sa féminité, son amour lui donne-t-il force ou faiblesse ? « Force », affirme-t-elle à Ruy Gomez (v. 2060). Force en effet pour suivre son amant n'importe où (I, 2) ; force pour tenir tête au roi et choisir de se tuer s'il voulait lui faire violence (II, 2). Mais la fierté de la formule qu'elle lui adresse alors (« je suis femme », v. 506) s'inverse quand elle implore la pitié de Ruy Gomez : « Grâce ! hélas, monseigneur, je ne suis qu'une femme... » (v. 2079.) On pourrait penser qu'elle joue de cette ambivalence : elle n'en est pas incapable (v. 2070-2071). Mais elle est trop dépendante de la présence et de la vie de Hernani pour être toujours si maîtresse d'elle-même (cf. v. 152-156). Ses oscillations successives et rapides sont plutôt signes de faiblesse que de force : elle supplie don Carlos aussitôt après l'avoir outragé ; elle tombe de même aux genoux de Ruy Gomez qu'elle vient tout juste de défier hautement.

Les paroxysmes de la passion, de la fureur, de la frayeur ne se manifestent pas seulement par la parole mais aussi par l'extrême expressivité corporelle que Hugo indique, impose à ses interprètes dans ses didascalies [1]. Les gestes brusques et violents, les mouvements « convulsifs » prédominent chez les personnages masculins ; quant à doña Sol, elle tremble, joint les mains, s'agenouille, pleure, ou court se jeter dans les bras de Hernani. L'intensité des regards est particulièrement insistante : les yeux du proscrit se fixent sur le roi, s'allument, étincellent ; le roi lui oppose le regard dominateur de ses « yeux d'aigle » ; il y a surtout de l'anxiété dans ceux de doña Sol, sur laquelle se fixent diversement ceux des hommes : ardents venant de Hernani, terribles de Ruy Gomez, pensifs enfin de l'empereur quand il va renoncer à elle.

---

1. C'est-à-dire tout ce qui dans le texte de la pièce n'est pas paroles des personnages, mais indications de décors, de gestes, de mouvements, etc. ; voir à ce sujet la note de Hugo à l'édition de *Hernani* en 1830, p. 227

*On voit mal comment il serait possible de jouer Hernani sobre-
ment, dans une mise en scène hiératique. C'est plutôt en accentuant,
au-delà même de ce que Hugo imaginait, l'espèce de délire gestuel
des personnages, qu'on a chance de servir une esthétique dont la
valeur de vérité est indissociable de ses outrances. Ainsi Vitez a-t-il
avancé sur les voies de la dramaturgie hugolienne en faisant gifler à
plusieurs reprises par le roi son piteux courtisan Ricardo, ou en
faisant marcher en une sorte de danse vacillante le candidat à
l'Empire, durant sa grave méditation dans le caveau d'Aix-la-
Chapelle*[1].

Dérisions

*Si le texte de Hernani se prête en sa mise en scène à de telles
alliances du sublime et du grotesque, les variations de ses tonalités
dramatiques paraissent à première vue moins fidèles à l'esthétique
totalisante de la Préface de Cromwell : plutôt qu'une interpéné-
tration, c'est une alternance qui prédomine à première vue, quelques
scènes de comédie étant insérées dans la trame des actions tragiques.
Autour de la crise de l'acte III, les deux premiers et les deux
derniers actes commencent pareillement par un dialogue de style
familier, traversé de traits d'ironie, de sarcasmes et de bouffonne-
ries, avant de s'élever jusqu'à un pathétique extrême. Mais ces
ondulations associent en fait les contrastes dans la continuité du
drame, comme les creux et les crêtes des vagues d'une même tempête.*

*On pourrait objecter encore que les scènes les plus burlesques
s'inscrivent dans les marges du drame dans la mesure où elles
mettent en jeu des personnages secondaires : la duègne effarée et
cupide qui pousse dans le refuge d'une armoire le « seigneur » qu'elle
bafoue, puis les courtisans qui pépient autour de don Carlos —*

1. Voir ici ma notice sur l'Histoire des représentations de *Hernani*,
p. 223-224.

don Ricardo s'illustrant parmi eux en profitant des lapsus du roi pour gravir de façon ridicule les échelons de la noblesse. Mais ce roi dédaigneux est un roi qui s'amuse : se moquant de sa cachette qui pourrait être l'« écurie » où la duègne, vieille sorcière, mettrait son « manche à balai » ; se moquant de Hernani dont en ce lieu l'entendre raconter sa vie lui paraît un peu long ; ricanant de son propre entourage, « basse-cour où le roi, mendié sans pudeur, / À tous ces affamés émiette la grandeur ! » (v. 1375-1376) ; enfin tournant en dérision cette grandeur même, lorsqu'il évoque les deux maîtres de la terre « seuls, assis à la table où Dieu leur sert le monde » (v. 1466), ou l'Empereur au-dessus des rois pouvant « sur leur tête essuyer ses sandales » (v. 1517).

Il a pris dès le début quelque distance moqueuse à l'égard de sa plus haute visée. Révélant son royal pouvoir, il coupe court à la fureur meurtrière de *Ruy Gomez* — qui se retourne en plates excuses —, et il met ensuite autant de désinvolture à parler de la mort de son aïeul que le duc met d'émotion à l'en plaindre : discordance dont la drôlerie s'accroît lorsque, sans prêter l'oreille aux condoléances de *Ruy Gomez*, il trace le tableau de ses futurs rapports de force avec le pape, et qu'il imagine sur le ton de la farce le dialogue où il feindra de s'incliner devant lui.

Le grotesque vient ronger le sublime. Ici dans le cheminement d'une double moquerie. Parfois, il y suffit d'un mot, d'une image, comme la menace de Hernani : « *J'écraserais dans l'œuf ton aigle impériale !* » (v. 622.) Il peut aussi se percevoir tout au long d'un dialogue où s'affrontent le plus gravement deux autorités : *Ruy Gomez* ne prend-il pas quelque plaisir à détailler la revue des portraits de ses ancêtres, exaspérant ainsi de plus en plus l'impatience du roi dont l'ultimatum ne reçoit pas de réponse ?

Retardements et méprises entrelacent même quelques effets de dérision dans le tragique du dernier acte. Que Hernani prenne quatre fois la fiole de poison pour la porter à ses lèvres, et que quatre fois son geste soit interrompu, est-ce que cela ne relève pas pour une part d'un comique de répétition, qu'il appartient à l'acteur

de faire ou non ressortir[1] *? Précédemment, le duo vraiment
« sublime » des deux jeunes mariés suscite une phase d'illusion, à
laquelle doña Sol met le comble : appelant de ses vœux un peu de
musique pour parfaire l'harmonie de la nuit et de l'amour, et se
réjouissant d'être « exaucée » quand retentit au loin le cor magique
de Hernani que fait sonner un Ruy Gomez invisible. Quiproquo
tragique, sans doute ; mais quiproquo tout de même, dont Hugo
renforce l'effet comique en prolongeant entre les amants un dialogue
à double entente (v. 1980-1986). Au début de l'acte, l'apparition de
Gomez masqué par un domino noir n'a provoqué chez les courtisans
qu'une curiosité où l'amusement l'emportait sur la frayeur :*

Baste ! ce qui fait peur ailleurs, au bal fait rire ! *(v. 1876.)*

*Capable de faire peur Ruy Gomez a été effectivement le seul des
principaux personnages qui pût être risible. Succédant aux deux
actes qui assemblent et opposent* Le Roi *et* Le Bandit, *le troisième
met le duc sur un autre plan en s'intitulant* Le Vieillard : *Gomez
est le ridicule amoureux d'une jeune fille (tel Arnolphe auquel il
fait parfois songer, v. 271, et surtout v. 753-758), objet de
moqueries ou de dédains de la part de ses deux jeunes rivaux. Une
quarantaine de fois au long de la pièce il est désigné, y compris par
lui-même, comme « vieux » ou « vieillard ». Et l'opposition entre
son âge et celui des trois autres personnages (il a soixante ans ;
Hernani vingt, don Carlos dix-neuf, doña Sol dix-sept) est un
thème récurrent, principalement dans son rapport avec Hernani, qui
seul est appelé le « jeune amant ». Furieux contre ce « vieux
futur » (selon le mot de don Carlos, v. 15), l'amant jaloux lance à
son adresse cette malédiction bouffonne : « Vieillard, va-t-en*

---

1. Même l'invention d'un effet scénique peut aller dans le sens de
l'esthétique hugolienne du grotesque : dans la représentation de
Hernani par Vitez en 1985, l'actrice qui jouait doña Sol, après avoir
bu la première le poison mortel, refermait la fiole en tapant sur le
bouchon.

donner mesure au fossoyeur ! » *(v. 86) ; et devant son inconscience,*
il lui jette sa fameuse injure : « Vieillard stupide[1] *! » Nullement*
plus respectueux le roi qui se gausse que doña Sol reçoive tous les
soirs « le jeune amant sans barbe à la barbe du vieux » (v. 10).
Barbu d'un côté, mais presque chauve de l'autre, ce pauvre duc ne
peut sans faire rire offrir sa tête pour protéger Hernani :

Le bourreau la prendrait par les cheveux en vain.
Tu n'en as pas assez pour lui remplir la main ! *(v. 1195-
1196.)*

Qu'il prête à rire, le duc lui-même ne le sait que trop, et cette
idée, ce mot l'obsède ; si on le trompe chez lui : « C'est donc à dire /
Que je ne suis qu'un vieux dont les jeunes vont rire ? / On va rire de
moi, soldat de Zamora ! / Et quand je passerai, tête blanche, on
rira ! » (v. 243-246.) Il ne lui reste qu'à traiter d'« enfants » ces
jeunes gens insultants, et à opposer à leur apparente légèreté sa
gravité patriarcale.

Paternités

Mais s'il peut s'élever au-dessus de son ridicule, c'est qu'il est
bien un grand seigneur, qui porte en lui toute la dignité de sa race.
Lorsque Hernani, désespérant de sa propre valeur, essaie de
convaincre doña Sol d'épouser le vieux duc, il ne fait pas état
seulement de sa richesse et de son rang, mais aussi de sa bonté qu'il
joint à sa noblesse (v. 943). Et s'accusant lui-même d'avoir voulu

---

1. Fameuse à la suite du témoignage de Dumas : un académicien
dur d'oreille se serait indigné à la première, ayant entendu : « Vieil
as de pique ! » (cf. Massin, t. III, p. 1426, voir la bibliographie). Le
sarcasme aurait alors été loufoque : pourquoi pas ?

lui enlever sa « femme » (avec l'accent manifeste d'une culpabilité œdipienne), il lui rend un hommage hyperbolique :

> Si jamais vers le ciel noble front s'éleva,
> Si jamais cœur fut grand, si jamais âme haute,
> C'est la vôtre, seigneur... *(v. 1080-1082.)*

Ce qui échappe à Hernani, c'est ce que Ruy Gomez va pleinement proclamer dans la scène des portraits (III, 6) : sa générosité perpétue celle de son père, dont la figure sacrée remonte, de génération en génération, jusqu'à « l'aïeul, l'ancêtre, le grand homme », le premier des Silva (v. 1133) ; le vieux duc est la dernière réincarnation de ce père suprême, de ce père absolu.

Sa vieillesse est donc pour lui inséparable de sa dignité, marque physique et symbolique d'une grandeur qui s'oppose à l'avilissement des fils (le roi et Hernani) : « Jamais débauchés, dans leurs jeux insolents, / N'ont sur plus noble front souillé cheveux plus blancs ! » (v. 273-274.)

Même en son amour, ce barbon bafoué devient un père pathétique, quand il fait appel à la pitié de doña Sol pour qu'elle éclaire ses derniers jours de sa présence irremplaçable (v. 776-798). Cette extraordinaire passion éclate dans la supplication qu'il adresse à don Carlos :

> Laisse-moi mon enfant ! je n'ai qu'elle, ô mon roi !
> *(v. 1239.)*

On peut entendre en ce cri l'écho de l'angoisse du roi Lear, la prochaine lamentation du bouffon Triboulet.

Au déchirement de ce personnage qui n'est pas encore appelé à l'abnégation de Jean Valjean s'oppose l'union indissoluble de Hernani et de doña Sol. Elle est refuge pour le héros, hors de la violence d'une haine qui lui est si étrangère (il faut que sa jalousie s'y adjoigne pour qu'il la fasse sienne) qu'elle le contraint à n'être qu'« une force qui va », « agent aveugle et sourd de mystères funèbres » (v. 992-993). *Mais ainsi possédé, il ne peut trouver de bonheur que dans les moments d'*oubli *que l'amour de doña Sol lui procure :* « J'ai tant besoin de vous pour oublier les autres ! » (V. 40, cf. aussi v. 388 et 685.) *Oublier* « les autres », *c'est au fond de lui-même oublier l'Autre, le Père qui le hante. Le rapport qui pour Ruy Gomez est socle d'identité est pour Hernani abîme d'aliénation.*

Aussi se jette-t-il avec avidité sur le pardon de l'Empereur, qui l'autorise à abjurer son serment d'enfant et à se libérer de la fatalité d'être Hernani. En se désignant comme Jean d'Aragon, il ne s'était réclamé d'aucune lignée (cf. v. 1723 et suivants). Lorsqu'il déclare à doña Sol qu'il « efface tout », *qu'il* « recommence » (v. 1939-1940), *il annule tout passé, il n'attribue qu'à lui tout ce qui appartient à son titre (cf. les possessifs* « mon » *et* « mes » *aux v. 1936-1937) ; et tout se passe comme si, avec la faveur de l'Empereur, il pouvait s'engendrer lui-même. Cette négation implicite est l'équivalent d'un meurtre imaginaire ; mais le Père qu'on tue reparaît toujours.*

Il reparaît pour Hernani en Ruy Gomez, spectre inéluctable auquel le soumet son second serment, redoublement de celui dont il s'est délivré :

Sur quoi donc m'as-tu fait ce serment ? Ah ! sur rien.
Peu de chose après tout ! La tête de ton père. *(V. 2041-2043.)*

Implacable rappel, cauchemar où Hernani pourrait perdre la raison (v. 2045). Sa fatalité le rattrape : « Mon père, tu te venges / Sur moi qui t'oubliais ! » (V. 2135-2136.) *En ce versant de la relation filiale, le fils est toujours coupable, le père qui le poursuit est un mort meurtrier*[1].

---

1. Par plus d'un point, *Hernani* évoque le drame de Dom Juan. Mais c'est en inversant ses significations traditionnelles : Juan d'Aragon reste fidèle à un unique amour, tandis que, sous ses

Mais du côté de Charles-Quint, une tout autre figure paternelle se profile. En don Carlos, il se montre à tous égards l'équivalent de François Iᵉʳ : ambitieux et volage. Nulle ombre sur sa jeunesse royale. La mort de son aïeul est l'heureux événement qui lui ouvre l'accès à l'Empire. S'imagine-t-il appelé « mon fils », c'est par un « Très-Saint-Père » dont il ne redoute aucunement l'autorité (I, 3). Et Ruy Gomez n'est pour lui qu'un vassal qui doit lui obéir. — Tout change lorsqu'il se trouve seul, angoissé, incertain devant son avenir d'Empereur : il lui faut alors un secours, un modèle, une autorité qui lui dise ce qu'il doit faire et devenir. S'il s'adresse à Charlemagne, c'est qu'il ne voit qu'en lui le prédécesseur du grand homme qu'il veut être désormais. Idéal ancêtre, mais aïeul spectral aussi, dont la rencontre et la parole décisives le font trembler : « dusses-tu me dire, avec ta voix fatale, / De ces choses qui font l'œil sombre et le front pâle, / Parle, et n'aveugle pas ton fils épouvanté... » (v. 1585-1587.) Plus que son élection, c'est sa décision de suivre la voie que l'Empereur mort lui a tracée, qui le fait souverain à son tour, père (à côté du pape, mais non subordonné à lui) d'une Europe « orpheline » (v. 1785-1786). Et c'est à la condition qu'il accepte — à la différence de Hernani — de ne pas avoir à la fois tout ce qui dans l'imaginaire constitue la suprématie du Père : il ne détiendra la primauté du Pouvoir qu'en renonçant au privilège de l'Amour.

Il est bien vraisemblable que le Hugo de 1829, une année environ après la mort de son père, accédant jeune encore à un certain sommet de gloire, était intimement concerné par les questions, les réponses, les ambivalences qu'il entrelaçait dans Hernani. *Tenter en ce sens une analyse de ce drame déborderait les limites de cette présentation.*

---

apparences de Commandeur justicier, Ruy Gomez est le criminel, autorité du passé que sa vengeance condamne à l'enfer. Plutôt que de Molière, c'est de Mozart que Hugo serait le plus proche (cf. Massin, *O.C. de Hugo,* voir bibliographie).

(L'ouvrage fondamental dans ce domaine demeure la Psychanalyse de Victor Hugo *par Charles Baudouin, 1943, rééd. A. Colin, 1972). En quelques mots, je ne proposerai ici qu'une approche indirecte d'une telle étude.*

Le monologue de don Carlos ne serait-il pas traversé par l'angoisse d'un écrivain qui aspirait, comme les grands Empereurs, à devenir « créateur d'un monde » ? ne développe-t-il pas, sous ses aspects historiques, une méditation de l'écrivain lui-même sur toutes les relations que le génie exige : avec les formes instables du pouvoir, avec les forces obscures du peuple, avec toutes les réalités de l'univers entier ?

Les premiers vers de *Hernani,* ses premiers mots donnent à rêver. Ce qui foncièrement s'y dérobe, ce n'est pas tant le fameux escalier lui-même, que la signification symbolique qu'il peut prendre si on le met en rapport avec l'interrogation initiale en forçant sa portée, en la retournant vers l'auteur qui monte vers son triomphe : « Est-ce donc déjà lui ? » — Non sans doute, ce n'est pas encore lui qui frappe à la porte ; ce n'est encore ni le proscrit en quête de « feux dans l'ombre » (v. 2160), ni même le souverain associant puissance et bonté. Et pourtant, derrière ces personnages éclairés par un soleil futur, on peut voir se projeter la figure du poète qui en lui-même les unira, exilé pour qui tout désespoir sera surpassé par la croyance en une « pitié suprême ».

YVES GOHIN

Hernani

[PRÉFACE[1]]

L'auteur de ce drame écrivait il y a peu de semaines à propos d'un poëte mort avant l'âge[2] :

« ... Dans ce moment de mêlée et de tourmente littéraire, qui faut-il plaindre, ceux qui meurent ou ceux qui combattent ? Sans doute, il est triste de voir un poëte de vingt ans qui s'en va, une lyre qui se brise, un avenir qui s'évanouit ; mais n'est-ce pas quelque chose aussi que le repos ? N'est-il pas permis à ceux autour desquels s'amassent incessamment calomnies, injures, haines, jalousies, sourdes menées, basses trahisons ; hommes loyaux auxquels on fait une guerre déloyale ; hommes dévoués qui ne voudraient enfin que doter le pays d'une liberté de plus, celle de l'art, celle de l'intelligence ; hommes laborieux qui poursuivent paisiblement leur œuvre de conscience, en proie d'un côté à de viles machinations de censure et de police, en butte de l'autre, trop souvent, à l'ingratitude des esprits mêmes pour lesquels ils travaillent ; ne leur est-il pas permis de retourner quelquefois la tête avec envie vers ceux qui sont tombés derrière eux et qui dorment dans le tombeau ? *Invideo*, disait Luther dans le cimetière de Worms, *invideo, quia quiescunt*[3].

» Qu'importe toutefois ? Jeunes gens, ayons bon courage ! si rude qu'on nous veuille faire le présent, l'avenir sera beau. Le romantisme, tant de fois mal défini, n'est, à tout prendre, et c'est là sa définition réelle, si l'on ne l'envisage que sous son côté militant, que le *libéralisme* en littérature. Cette vérité est déjà comprise à peu près de tous les bons esprits, et le nombre en est grand ; et bientôt, car l'œuvre est déjà bien avancée, le libéralisme littéraire ne sera pas moins populaire que le libéralisme politique. La liberté dans l'art, la liberté dans la société, voilà le double but auquel doivent tendre d'un même pas tous les esprits conséquents et logiques ; voilà la double bannière qui rallie, à bien peu d'intelligences près (lesquelles s'éclaireront), toute la jeunesse si forte et si patiente d'aujourd'hui ; puis, avec la jeunesse et à sa tête l'élite de la génération qui nous a précédés, tous ces sages vieillards qui, après le premier moment de défiance et d'examen, ont reconnu que ce que font leurs fils est une conséquence de ce qu'ils ont fait eux-mêmes, et que la liberté littéraire est fille de la liberté politique. Ce principe est celui du siècle, et prévaudra. Les *Ultras* de tout genre, classiques ou monarchiques, auront beau se prêter secours pour refaire l'ancien régime de toutes pièces, société et littérature ; chaque progrès du pays, chaque développement des intelligences, chaque pas de la liberté fera crouler tout ce qu'ils auront échafaudé. Et, en définitive, leurs efforts de réaction auront été utiles. En révolution, tout mouvement fait avancer. La vérité et la liberté ont cela d'excellent que tout ce qu'on fait pour elles et tout ce qu'on fait contre elles les sert également. Or, après tant de grandes choses que nos pères ont faites et que nous avons vues, nous voilà sortis de la vieille forme sociale ; comment ne sortirions-nous pas de la vieille forme poétique ? À peuple nouveau, art nouveau. Tout en admirant la littérature de Louis XIV si bien adaptée à sa monarchie, elle saura bien avoir sa littérature propre et personnelle et nationale, cette France actuelle, cette France du dix-neuvième siècle, à qui Mirabeau a fait sa liberté et Napoléon sa puissance *. »

Qu'on pardonne à l'auteur de ce drame de se citer ici lui-même ; ses paroles ont si peu le don de se graver dans les esprits, qu'il aurait souvent besoin de les rappeler. D'ailleurs, aujourd'hui, il n'est peut-être point hors de propos de remettre sous les yeux des lecteurs les deux pages qu'on vient de transcrire. Ce n'est pas que ce drame puisse en rien mériter le beau nom d'*art nouveau*, de *poésie nouvelle*, loin de là ; mais c'est que le principe de la liberté en littérature vient de faire un pas ; c'est qu'un progrès vient de s'accomplir, non dans l'art, ce drame est trop peu de chose, mais dans le public ; c'est que, sous ce rapport du moins, une partie des pronostics hasardés plus haut viennent de se réaliser.

Il y avait péril, en effet, à changer ainsi brusquement d'auditoire, à risquer sur le théâtre des tentatives confiées jusqu'ici seulement au papier *qui souffre tout ;* le public des livres est bien différent du public des spectacles, et l'on pouvait craindre de voir le second repousser ce que le premier avait accepté. Il n'en a rien été. Le principe de la liberté littéraire, déjà compris par le monde qui lit et qui médite, n'a pas été moins complètement adopté par cette immense foule, avide des pures émotions de l'art, qui inonde chaque soir les théâtres de Paris. Cette voix haute et puissante du peuple, qui ressemble à celle de Dieu, veut désormais que la poésie ait la même devise que la politique : *TOLÉRANCE ET LIBERTÉ* [1].

Maintenant vienne le poëte ! il y a un public.

Et cette liberté, le public la veut telle qu'elle doit être, se conciliant avec l'ordre, dans l'état, avec l'art, dans la littérature. La liberté a une sagesse qui lui est propre, et

* Lettre aux éditeurs des poésies de M. Dovalle.

sans laquelle elle n'est pas complète. Que les vieilles règles de d'Aubignac meurent avec les vieilles coutumes de Cujas[1], cela est bien; qu'à une littérature de cour succède une littérature de peuple, cela est mieux encore; mais surtout qu'une raison intérieure se rencontre au fond de toutes ces nouveautés. Que le principe de liberté fasse son affaire, mais qu'il la fasse bien. Dans les lettres, comme dans la société, point d'étiquette, point d'anarchie; des lois. Ni talons rouges, ni bonnets rouges.

Voilà ce que veut le public, et il veut bien. Quant à nous, par déférence pour ce public qui a accueilli avec tant d'indulgence un essai qui en méritait si peu, nous lui donnons ce drame aujourd'hui tel qu'il a été représenté. Le jour viendra peut-être de le publier tel qu'il a été conçu par l'auteur*, en indiquant et en discutant les modifications que la scène lui a fait subir. Ces détails de critique peuvent ne pas être sans intérêt ni sans enseignements, mais ils sembleraient minutieux aujourd'hui; la liberté de l'art est admise, la question principale est résolue; à quoi bon s'arrêter aux questions secondaires? Nous y reviendrons du reste quelque jour, et nous parlerons aussi, bien en détail, en la ruinant par les raisonnements et par les faits, de cette censure dramatique qui est le seul obstacle à la liberté du théâtre, maintenant qu'il n'y en a plus dans le public. Nous essayons, à nos risques et périls et par dévouement aux

* Ce jour, prédit par l'auteur, est venu. Nous donnons dans cette édition *Hernani* tout entier, tel que le poëte l'avait écrit, avec les développements de passion, les détails de mœurs et les saillies de caractères que la représentation avait retranchés. Quant à la discussion critique que l'auteur indique, elle sortira d'elle-même, pour tous les lecteurs, de la comparaison qu'ils pourront faire entre l'*Hernani* tronqué du théâtre et l'*Hernani* de cette édition. Espérons tout des progrès que le public des théâtres fait chaque jour. **Mai 1836** *(Note de l'éditeur)*[2].

choses de l'art, de caractériser les mille abus de cette petite inquisition de l'esprit, qui a, comme l'autre Saint-Office, ses juges secrets, ses bourreaux masqués, ses tortures, ses mutilations et sa peine de mort. Nous déchirerons, s'il se peut, ces langes de police dont il est honteux que le théâtre soit encore emmailloté au dix-neuvième siècle.

Aujourd'hui il ne doit y avoir place que pour la reconnaissance et les remerciements. C'est au public que l'auteur de ce drame adresse les siens, et du fond du cœur. Cette œuvre, non de talent, mais de conscience et de liberté, a été généreusement protégée contre bien des inimitiés par le public, parce que le public est toujours, aussi lui, consciencieux et libre. Grâces lui soient donc rendues, ainsi qu'à cette jeunesse puissante qui a porté aide et faveur à l'ouvrage d'un jeune homme sincère et indépendant comme elle! C'est pour elle surtout qu'il travaille, parce que ce serait une gloire bien haute que l'applaudissement de cette élite de jeunes hommes, intelligente, logique, conséquente, vraiment libérale en littérature comme en politique, noble génération qui ne se refuse pas à ouvrir les deux yeux à la vérité et à recevoir la lumière des deux côtés.

Quant à son œuvre en elle-même, il n'en parlera pas. Il accepte les critiques qui en ont été faites; les plus sévères comme les plus bienveillantes, parce qu'on peut profiter à toutes. Il n'ose se flatter que tout le monde ait compris du premier coup ce drame, dont le *Romancero general*[1] est la véritable clef. Il prierait volontiers les personnes que cet ouvrage a pu choquer de relire *le Cid, Don Sanche, Nicomède*, ou plutôt tout Corneille et tout Molière, ces grands et admirables poëtes. Cette lecture, si pourtant elles veulent bien faire d'abord la part de l'immense infériorité de l'auteur d'*Hernani*, les rendra peut-être moins sévères pour certaines choses qui ont pu les blesser dans la forme ou dans le fond de ce drame. En somme, le moment n'est peut-être pas encore venu de le juger. *Hernani* n'est jusqu'ici que la première pierre d'un édifice qui existe tout construit dans la tête de son auteur, mais dont l'ensemble peut seul donner quelque valeur à ce drame. Peut-être ne trouvera-t-on pas mauvaise un jour la fantaisie qui lui a pris de mettre, comme l'architecte de Bourges, une porte presque moresque à sa cathédrale gothique.

En attendant, ce qu'il a fait est bien peu de chose, il le sait. Puissent le temps et la force ne pas lui manquer pour achever son œuvre ! Elle ne vaudra qu'autant qu'elle sera terminée. Il n'est pas de ces poëtes privilégiés qui peuvent mourir ou s'interrompre avant d'avoir fini, sans péril pour leur mémoire ; il n'est pas de ceux qui restent grands, même sans avoir complété leur ouvrage, heureux hommes dont on peut dire ce que Virgile disait de Carthage ébauchée :

> *Pendent opera interrupta, minæque*
> *Murorum ingentes* [1] *!*

9 mars 1830.

PERSONNAGES

HERNANI.
DON CARLOS.
DON RUY GOMEZ DE SILVA.
DOÑA SOL DE SILVA.
LE ROI DE BOHÊME.
LE DUC DE BAVIÈRE.
LE DUC DE GOTHA.
LE BARON DE HOHENBOURG.
LE DUC DE LUTZELBOURG.
IAQUEZ.
DON SANCHO.
DON MATIAS.
DON RICARDO.
DON GARCI SUAREZ.
DON FRANCISCO.
DON JUAN DE HARO.
DON PEDRO GUZMAN DE LARA.
DON GIL TELLEZ GIRON.
DOÑA JOSEFA DUARTE.
UN MONTAGNARD.
UNE DAME.
PREMIER CONJURÉ.
DEUXIÈME CONJURÉ.
TROISIÈME CONJURÉ.
CONJURÉS DE LA LIGUE SACRO-SAINTE,
ALLEMANDS ET ESPAGNOLS.
MONTAGNARDS, SEIGNEURS, SOLDATS, PAGES,
PEUPLE, etc.
Espagne — 1519

I

LE ROI

ACTE I

Une chambre à coucher. La nuit. Une lampe sur une table.

SCÈNE PREMIÈRE

DOÑA JOSEFA DUARTE, *vieille ; en noir,*
avec le corps de sa jupe cousu de jais,
à la mode d'Isabelle la Catholique.

DON CARLOS

DOÑA JOSEFA, *seule.*

Elle ferme les rideaux cramoisis de la fenêtre et met en ordre quelques fauteuils. On frappe à une petite porte dérobée à droite. Elle écoute. On frappe un second coup.

Serait-ce déjà lui ?

Un nouveau coup.

C'est bien à l'escalier

Dérobé.

Un quatrième coup.

Vite, ouvrons !

Elle ouvre la petite porte masquée. Entre don Carlos, le manteau sur le nez et le chapeau sur les yeux.

Bonjour, beau cavalier

*Elle l'introduit. Il écarte son manteau et laisse voir un
riche costume de velours et de soie, à la mode castillane de
1519. Elle le regarde sous le nez et recule étonnée.*

Quoi, seigneur Hernani, ce n'est pas vous! — Main-
[forte!
Au feu!

DON CARLOS, *lui saisissant le bras.*

Deux mots de plus, duègne, vous êtes morte!

Il la regarde fixement. Elle se tait effrayée.

5 Suis-je chez doña Sol? fiancée au vieux duc
De Pastrana, son oncle, un bon seigneur, caduc,
Vénérable et jaloux? Dites? La belle adore
Un cavalier sans barbe et sans moustache encore,
Et reçoit tous les soirs, malgré les envieux,
10 Le jeune amant sans barbe à la barbe du vieux.
Suis-je bien informé?

Elle se tait. Il la secoue par le bras.

Vous répondrez peut-etre?

DOÑA JOSEFA

Vous m'avez défendu de dire deux mots, maître.

DON CARLOS

Aussi n'en veux-je qu'un. — Oui, — non. — Ta dame
[est bien
Doña Sol de Silva? parle.

DOÑA JOSEFA

Oui — Pourquoi?

DON CARLOS

Pour rien.
15 Le duc, son vieux futur, est absent à cette heure?

DOÑA JOSEFA

Oui.

DON CARLOS

Sans doute elle attend son jeune?

DOÑA JOSEFA

Oui.

DON CARLOS

Que je meure!

DOÑA JOSEFA

Oui.

DON CARLOS

Duègne! c'est ici qu'aura lieu l'entretien?

DOÑA JOSEFA

Oui.

DON CARLOS

Cache-moi céans!

DOÑA JOSEFA

Vous!

DON CARLOS

Moi.

DOÑA JOSEFA

Pourquoi?

DON CARLOS

Pour rien.

DOÑA JOSEFA

Moi vous cacher!

DON CARLOS

Ici.

DOÑA JOSEFA

Jamais!

DON CARLOS, *tirant de sa ceinture une bourse et un poignard.*

Daignez, madame,
20 Choisir de cette bourse ou bien de cette lame.

DOÑA JOSEFA, *prenant la bourse.*

Vous êtes donc le diable?

DON CARLOS

Oui, duègne.

DOÑA JOSEFA, *ouvrant une armoire étroite dans le mur.*

Entrez ici.

DON CARLOS, *examinant l'armoire.*

Cette boîte!

DOÑA JOSEFA, *la refermant.*

Va-t'en si tu n'en veux pas!

DON CARLOS, *rouvrant l'armoire.*

Si!

L'examinant encore.

Serait-ce l'écurie où tu mets d'aventure
Le manche du balai qui te sert de monture?

Il s'y blottit avec peine.

25 Ouf!

DOÑA JOSEFA, *joignant les mains avec scandale.*

Un homme ici!

DON CARLOS, *dans l'armoire restée ouverte.*

C'est une femme, — est-ce pas, —
Qu'attendait ta maîtresse?

DOÑA JOSEFA

Ô ciel! j'entends le pas
De doña Sol. — Seigneur, fermez vite la porte.

Elle pousse la porte de l'armoire qui se referme.

DON CARLOS, *de l'intérieur de l'armoire.*

Si vous dites un mot, duègne, vous êtes morte!

DOÑA JOSEFA, *seule.*

Qu'est cet homme? Jésus mon Dieu! si j'appelais?...
30 Qui? — Hors Madame et moi, tout dort dans le palais.
— Bah! l'autre va venir; la chose le regarde.
Il a sa bonne épée, et que le ciel nous garde
De l'enfer!

Pesant la bourse.

Après tout, ce n'est pas un voleur.

Entre doña Sol, en blanc. Doña Josefa cache la bourse.

SCÈNE DEUXIÈME

DOÑA JOSEFA, DON CARLOS, *caché,*
DOÑA SOL, *puis* HERNANI

DOÑA SOL

Josefa !

DOÑA JOSEFA

Madame !

DOÑA SOL

Ah ! je crains quelque malheur.
35 Hernani devrait être ici !

Bruit de pas à la petite porte.

Voici qu'il monte !
Ouvre avant qu'il ne frappe, et fais vite, et sois

[prompte !

*Josefa ouvre la petite porte. Entre Hernani. Grand
manteau, grand chapeau. Dessous, un costume de montagnard d'Aragon, gris, avec une cuirasse de cuir ; une épée,
un poignard et un cor à sa ceinture.*

DOÑA SOL., *courant à lui.*

Hernani !

HERNANI

Doña Sol ! ah ! c'est vous que je vois
Enfin ! et cette voix qui parle est votre voix !
Pourquoi le sort mit-il mes jours si loin des vôtres ?
40 J'ai tant besoin de vous pour oublier les autres !

DOÑA SOL, *touchant ses vêtements.*

Jésus! votre manteau ruisselle! il pleut donc bien?

HERNANI

Je ne sais.

DOÑA SOL

Vous devez avoir froid?

HERNANI

Ce n'est rien.

DOÑA SOL

Ôtez donc ce manteau!

HERNANI

Doña Sol, mon amie!
Dites-moi, quand la nuit vous êtes endormie,
45 Calme, innocente et pure, et qu'un sommeil joyeux
Entr'ouvre votre bouche et du doigt clôt vos yeux,
Un ange vous dit-il combien vous êtes douce
Au malheureux que tout abandonne et repousse?

DOÑA SOL

Vous avez bien tardé, seigneur! mais dites-moi
50 Si vous avez froid?

HERNANI

Moi, je brûle près de toi!
Ah! quand l'amour jaloux bouillonne dans nos têtes,
Quand notre cœur se gonfle et s'emplit de tempêtes,
Qu'importe ce que peut un nuage des airs
Nous jeter en passant de tempête et d'éclairs!

DOÑA SOL, *lui défaisant son manteau.*

55 Allons! donnez la cape et l'épée avec elle!

HERNANI, *la main sur son épée.*

Non. C'est mon autre amie, innocente et fidèle. —
Doña Sol, le vieux duc, votre futur époux,
Votre oncle, est donc absent?

DOÑA SOL

             Oui, cette heure est à nous.

HERNANI

Cette heure! et voilà tout. Pour nous, plus rien qu'une
                                   [heure,
60 Après, qu'importe! Il faut qu'on oublie ou qu'on meure.
Ange! une heure avec vous! une heure, en vérité,
À qui voudrait la vie, et puis l'éternité!

DOÑA SOL

Hernani!

HERNANI, *amèrement.*

        Que je suis heureux que le duc sorte!
Comme un larron qui tremble et qui force une porte,
65 Vite, j'entre, et vous vois, et dérobe au vieillard
Une heure de vos chants et de votre regard,
Et je suis bien heureux, et sans doute on m'envie
De lui voler une heure, et lui me prend ma vie!

DOÑA SOL

Calmez-vous.

                 Remettant le manteau à la duègne.
Josefa, fais sécher le manteau.

Josefa sort.
Elle s'assied et fait signe à Hernani de venir près d'elle.

70 Venez là.

HERNANI, *sans l'entendre.*

Donc le duc est absent du château?

DOÑA SOL, *souriant.*

Comme vous êtes grand!

HERNANI

Il est absent!

DOÑA SOL

Chère âme,
Ne pensons plus au duc.

HERNANI

Ah! pensons-y, madame!
Ce vieillard! il vous aime, il va vous épouser!
Quoi donc! vous prit-il pas l'autre jour un baiser?
75 N'y plus penser.

DOÑA SOL, *riant.*

C'est là ce qui vous désespère!
Un baiser d'oncle! au front! presque un baiser de père!

HERNANI

Non. Un baiser d'amant, de mari, de jaloux.
Ah! vous serez à lui, madame, y pensez-vous!
Ô l'insensé vieillard, qui, la tête inclinée,
80 Pour achever sa route et finir sa journée,
A besoin d'une femme, et va, spectre glacé,
Prendre une jeune fille! Ô vieillard insensé!

Pendant que d'une main il s'attache à la vôtre,
Ne voit-il pas la mort qui l'épouse de l'autre?
85 Il vient dans nos amours se jeter sans frayeur?
Vieillard, va-t'en donner mesure au fossoyeur[1]?
— Qui fait ce mariage? on vous force, j'espère!

DOÑA SOL

Le roi, dit-on, le veut.

HERNANI

Le roi! le roi! mon père
Est mort sur l'échafaud, condamné par le sien[2].
90 Or, quoiqu'on ait vieilli depuis ce fait ancien,
Pour l'ombre du feu roi, pour son fils, pour sa veuve,
Pour tous les siens, ma haine est encor toute neuve!
Lui, mort, ne compte plus. Et, tout enfant, je fis
Le serment de venger mon père sur son fils.
95 Je te cherchais partout, Carlos, roi des Castilles!
Car la haine est vivace entre nos deux familles.
Les pères ont lutté sans pitié, sans remords,
Trente ans! Or, c'est en vain que les pères sont morts,
Leur haine vit. Pour eux la paix n'est point venue,
100 Car les fils sont debout, et le duel continue.
Ah! c'est donc toi qui veux cet exécrable hymen!
Tant mieux. Je te cherchais, tu viens dans mon chemin!

DOÑA SOL

Vous m'effrayez!

HERNANI

Chargé d'un mandat d'anathème,
Il faut que j'en arrive à m'effrayer moi-même!
105 Écoutez: l'homme auquel, jeune, on vous destina,
Ruy de Silva, votre oncle, est duc de Pastrana,
Riche homme[3] d'Aragon, comte et grand de Castille.

À défaut de jeunesse, il peut, ô jeune fille,
Vous apporter tant d'or, de bijoux, de joyaux,
110 Que votre front reluise entre des fronts royaux,
Et pour le rang, l'orgueil, la gloire et la richesse,
Mainte reine peut-être envîra sa duchesse !
Voilà donc ce qu'il est. Moi, je suis pauvre, et n'eus,
Tout enfant, que les bois où je fuyais pieds nus.
115 Peut-être aurais-je aussi quelque blason illustre
Qu'une rouille de sang à cette heure délustre ;
Peut-être ai-je des droits, dans l'ombre ensevelis,
Qu'un drap d'échafaud noir cache encor sous ses plis,
Et qui, si mon attente un jour n'est pas trompée,
120 Pourront de ce fourreau sortir avec l'épée.
En attendant, je n'ai reçu du ciel jaloux
Que l'air, le jour et l'eau, la dot qu'il donne à tous.
Or du duc ou de moi souffrez qu'on vous délivre.
Il faut choisir des deux : l'épouser, ou me suivre.

DOÑA SOL

125 Je vous suivrai.

HERNANI

                    Parmi nos rudes compagnons,
Proscrits, dont le bourreau sait d'avance les noms,
Gens dont jamais le fer ni le cœur ne s'émousse,
Ayant tous quelque sang à venger qui les pousse ?
Vous viendrez commander ma bande, comme on dit ?
130 Car, vous ne savez pas, moi, je suis un bandit !
Quand tout me poursuivait dans toutes les Espagnes,
Seule, dans ses forêts, dans ses hautes montagnes,
Dans ses rocs, où l'on n'est que de l'aigle aperçu,
La vieille Catalogne en mère m'a reçu.
135 Parmi ses montagnards, libres, pauvres et graves,
Je grandis, et demain, trois mille de ses braves,
Si ma voix dans leurs monts fait résonner ce cor

Viendront... — Vous frissonnez! réfléchissez encor.
Me suivre dans les bois, dans les monts, sur les grèves,
140 Chez des hommes pareils aux démons de vos rêves.
Soupçonner tout, les yeux, les voix, les pas, le bruit.
Dormir sur l'herbe, boire au torrent, et la nuit
Entendre, en allaitant quelque enfant qui s'éveille,
Les balles des mousquets siffler à votre oreille.
145 Être errante avec moi, proscrite, et s'il le faut
Me suivre où je suivrai mon père, — à l'échafaud.

DOÑA SOL

Je vous suivrai.

HERNANI

          Le duc est riche, grand, prospère.
Le duc n'a pas de tache au vieux nom de son père.
Le duc peut tout. Le duc vous offre avec sa main
150 Trésors, titres, bonheur...

DOÑA SOL

                    Nous partirons demain.
Hernani, n'allez pas sur mon audace étrange
Me blâmer. Êtes-vous mon démon ou mon ange?
Je ne sais. Mais je suis votre esclave. Écoutez,
Allez où vous voudrez, j'irai. Restez, partez,
155 Je suis à vous. Pourquoi fais-je ainsi? je l'ignore.
J'ai besoin de vous voir et de vous voir encore
Et de vous voir toujours. Quand le bruit de vos pas
S'efface, alors je crois que mon cœur ne bat pas,
Vous me manquez, je suis absente de moi-même;
160 Mais dès qu'enfin ce pas que j'attends et que j'aime
Vient frapper mon oreille, alors il me souvient
Que je vis, et je sens mon âme qui revient!

HERNANI, *la serrant dans ses bras.*

Ange!

DOÑA SOL

À minuit. Demain. Amenez votre escorte.
Sous ma fenêtre. Allez, je serai brave et forte.
165 Vous frapperez trois coups.

HERNANI

              Savez-vous qui je suis,

Maintenant?

DOÑA SOL

Monseigneur, qu'importe! je vous suis.

HERNANI

Non. Puisque vous voulez me suivre, faible femme,
Il faut que vous sachiez quel nom, quel rang, quelle âme,
Quel destin est caché dans le pâtre Hernani.
170 Vous voulez d'un brigand? voulez-vous d'un banni?

DON CARLOS, *ouvrant avec fracas la porte de l'armoire.*

Quand aurez-vous fini de conter votre histoire?
Croyez-vous donc qu'on soit à l'aise en cette armoire?

> *Hernani recule étonné. Doña Sol pousse un cri et se
> réfugie dans ses bras, en fixant sur don Carlos des yeux
> effarés.*

HERNANI, *la main sur la garde de son épée*

Quel est cet homme?

DOÑA SOL

Ô ciel! au secours!

HERNANI

                                        Taisez-vous,
Doña Sol! vous donnez l'éveil aux yeux jaloux.
175 Quand je suis près de vous, veuillez, quoi qu'il advienne,
Ne réclamer jamais d'autre aide que la mienne.

                                        À don Carlos.

Que faisiez-vous là?

DON CARLOS

                        Moi? — Mais, à ce qu'il paraît,
Je ne chevauchais pas à travers la forêt.

HERNANI

Qui raille après l'affront s'expose à faire rire
180 Aussi son héritier!

DON CARLOS

                        Chacun son tour. — Messire,
Parlons franc. Vous aimez madame et ses yeux noirs,
Vous y venez mirer les vôtres tous les soirs,
C'est fort bien. J'aime aussi madame, et veux connaître
Qui j'ai vu tant de fois entrer par la fenêtre,
185 Tandis que je restais à la porte.

HERNANI

                                En honneur,
Je vous ferai sortir par où j'entre, seigneur.

DON CARLOS

Nous verrons. J'offre donc mon amour à madame.
Partageons. Voulez-vous? J'ai vu dans sa belle âme
Tant d'amour, de bonté, de tendres sentiments,
190 Que madame, à coup sûr, en a pour deux amants
— Or, ce soir, voulant mettre à fin mon entreprise,

Pris, je pense, pour vous, j'entre ici par surprise,
Je me cache, j'écoute, à ne vous celer rien ;
Mais j'entendais très mal et j'étouffais très bien.
195 Et puis, je chiffonnais ma veste à la française.
Ma foi, je sors !

HERNANI

      Ma dague aussi n'est pas à l'aise
Et veut sortir !

DON CARLOS, *le saluant.*

Monsieur, c'est comme il vous plaira.

HERNANI, *tirant son épée.*

En garde !

Don Carlos tire son épée.

DOÑA SOL, *se jetant entre eux deux.*

Hernani ! Ciel !

DON CARLOS

      Calmez-vous, señora.

HERNANI, *à don Carlos.*

Dites-moi votre nom.

DON CARLOS

    Hé ! dites-moi le vôtre !

HERNANI

200 Je le garde, secret et fatal, pour un autre
Qui doit un jour sentir, sous mon genou vainqueur,
Mon nom à son oreille, et ma dague à son cœur !

DON CARLOS

Alors, quel est le nom de l'autre ?

HERNANI

                              Que t'importe !
En garde ! défends-toi !

Ils croisent leurs épées. Doña Sol tombe tremblante sur
un fauteuil. On entend des coups à la porte.

DOÑA SOL, *se levant avec effroi.*

                    Ciel ! on frappe à la porte !
Les champions s'arrêtent. Entre Josefa par la petite porte
et tout effarée.

HERNANI, *à Josefa.*

205 Qui frappe ainsi ?

DOÑA JOSEFA, *à doña Sol.*

                    Madame ! un coup inattendu !
C'est le duc qui revient !

DOÑA SOL, *joignant les mains.*

                         Le duc ! tout est perdu !
Malheureuse !

DOÑA JOSEFA, *jetant les yeux autour d'elle.*

                    Jésus [1] ! l'inconnu ! les épées !
On se battait. Voilà de belles équipées !

Les deux combattants remettent leurs épées dans le
fourreau. Don Carlos s'enveloppe dans son manteau et rabat
son chapeau sur ses yeux. On frappe.

HERNANI

Que faire ?

On frappe.

UNE VOIX, *au-dehors.*

Doña Sol, ouvrez-moi !

Doña Josefa fait un pas vers la porte. Hernani l'arrête.

HERNANI

N'ouvrez pas.

DOÑA JOSEFA, *tirant son chapelet.*

210 Saint Jacques monseigneur, tirez-nous de ce pas !

On frappe de nouveau.

HERNANI, *montrant l'armoire à don Carlos.*

Cachons-nous.

DON CARLOS

Dans l'armoire ?

HERNANI

Entrez-y. Je m'en charge.
Nous y tiendrons tous deux.

DON CARLOS

Grand merci, c'est trop large.

HERNANI, *montrant la petite porte.*

Fuyons par là.

DON CARLOS

Bonsoir, pour moi, je reste ici.

HERNANI

Ah ! tête et sang, monsieur ! Vous me paîrez ceci !

À doña Sol.

215 Si je barricadais l'entrée ?

DON CARLOS, à Josefa.

Ouvrez la porte.

HERNANI

Que dit-il ?

DON CARLOS, à Josefa interdite.

Ouvrez donc, vous dis-je !
On frappe toujours. Doña Josefa va ouvrir en tremblant.

DOÑA SOL

Je suis morte !

SCÈNE TROISIÈME

LES MÊMES, DON RUY GOMEZ DE SILVA, barbe et cheveux blancs, en noir ; valets avec des flambeaux.

DON RUY GOMEZ

Des hommes chez ma nièce à cette heure de nuit !
Venez tous ! cela vaut la lumière et le bruit.

À doña Sol.

Par saint Jean d'Avila, je crois que, sur mon âme,
220 Nous sommes trois chez vous, c'est trop de deux,
[madame.

Aux deux jeunes gens.

Mes jeunes cavaliers, que faites-vous céans ? —
Quand nous avions le Cid et Bernard, ces géants
De l'Espagne et du monde allaient par les Castilles

Honorant les vieillards et protégeant les filles.
225 C'étaient des hommes forts et qui trouvaient moins lourds
Leur fer et leur acier que vous votre velours.
Ces hommes-là portaient respect aux barbes grises,
Faisaient agenouiller leur amour aux églises,
Ne trahissaient personne, et donnaient pour raison
230 Qu'ils avaient à garder l'honneur de leur maison.
S'ils voulaient une femme, ils la prenaient sans tache,
En plein jour, devant tous, et l'épée, ou la hache,
Ou la lance à la main! — Et quant à ces félons
Qui, le soir, et les yeux tournés vers leurs talons,
235 Ne fiant qu'à la nuit leurs manœuvres infâmes,
Par derrière aux maris volent l'honneur des femmes,
J'affirme que le Cid, cet aïeul de nous tous,
Les eût tenus pour vils et fait mettre à genoux,
Et qu'il eût, dégradant leur noblesse usurpée,
240 Souffleté leur blason du plat de son épée!
Voilà ce que feraient, j'y songe avec ennui,
Les hommes d'autrefois aux hommes d'aujourd'hui.
— Qu'êtes-vous venus faire ici? C'est donc à dire
Que je ne suis qu'un vieux dont les jeunes vont rire?
245 On va rire de moi, soldat de Zamora!
Et quand je passerai, tête blanche, on rira!
Ce n'est pas vous du moins qui rirez!

HERNANI

Duc...

DON RUY GOMEZ

Silence!

Quoi! vous avez l'épée, et la dague, et la lance,
La chasse, les festins, les meutes, les faucons,
250 Les chansons à chanter le soir sous les balcons,
Les plumes au chapeau, les casaques de soie,
Les bals, les carrousels, la jeunesse, la joie,

Enfants, l'ennui vous gagne! À tout prix, au hasard,
Il vous faut un hochet. Vous prenez un vieillard!
255 Ah! vous l'avez brisé, le hochet! mais Dieu fasse
Qu'il vous puisse en éclats rejaillir à la face! —
Suivez-moi!

HERNANI

Seigneur duc...

DON RUY GOMEZ

                    Suivez-moi! suivez-moi!
Messieurs! avons-nous fait cela pour rire? Quoi!
Un trésor est chez moi : c'est l'honneur d'une fille,
260 D'une femme, l'honneur de toute une famille;
Cette fille, je l'aime, elle est ma nièce, et doit
Bientôt changer sa bague à l'anneau de mon doigt.
Je la crois chaste et pure et sacrée à tout homme;
Or il faut que je sorte une heure, et moi qu'on nomme
265 Ruy Gomez de Silva, je ne puis l'essayer
Sans qu'un larron d'honneur se glisse à mon foyer!
Arrière! lavez donc vos mains, hommes sans âmes,
Car, rien qu'en y touchant, vous nous tachez nos femmes!
Non. C'est bien. Poursuivez. Ai-je autre chose encor?

Il arrache son collier.

270 Tenez, foulez aux pieds, foulez ma Toison d'Or[1].

Il jette son chapeau.

Arrachez mes cheveux, faites-en chose vile!
Et vous pourrez demain vous vanter par la ville
Que jamais débauchés, dans leurs jeux insolents,
N'ont sur plus noble front souillé cheveux plus blancs!

DOÑA SOL

275 Monseigneur...

DON RUY GOMEZ, *à ses valets.*

Écuyers! écuyers! à mon aide!
Ma hache, mon poignard, ma dague de Tolède!

Aux deux jeunes gens.

Et suivez-moi tous deux.

DON CARLOS, *faisant un pas.*

Duc, ce n'est pas d'abord
De cela qu'il s'agit. Il s'agit de la mort
De Maximilien, empereur d'Allemagne[1].

Il jette son manteau et découvre son visage, caché par son chapeau.

DON RUY GOMEZ

280 Raillez-vous?... Dieu! le Roi!

DOÑA SOL

Le Roi!

HERNANI, *dont les yeux s'allument.*

Le Roi d'Espagne!

DON CARLOS, *gravement.*

Oui, Carlos. — Seigneur duc, es-tu donc insensé?
Mon aïeul l'empereur est mort. Je ne le sai
Que de ce soir. Je viens tout en hâte et moi-même
Dire la chose à toi, féal sujet que j'aime,
285 Te demander conseil, incognito, la nuit,
Et l'affaire est bien simple, et voilà bien du bruit!

Don Ruy Gomez renvoie ses gens d'un signe. Il s'approche de don Carlos que doña Sol examine avec crainte et surprise, et sur lequel Hernani, demeuré dans un coin, fixe des yeux étincelants.

DON RUY GOMEZ

Mais pourquoi tarder tant à m'ouvrir cette porte ?

DON CARLOS

Belle raison ! tu viens avec toute une escorte !
Quand un secret d'État m'amène en ton palais,
290 Duc, est-ce pour l'aller dire à tous tes valets ?

DON RUY GOMEZ

Altesse, pardonnez... l'apparence...

DON CARLOS

　　　　　　　　Bon père,
Je t'ai fait gouverneur du château de Figuère ;
Mais qui dois-je à présent faire ton gouverneur [1] ?

DON RUY GOMEZ

Pardonnez...

DON CARLOS

　　　　　Il suffit. N'en parlons plus, seigneur.
295 Donc l'empereur est mort.

DON RUY GOMEZ

　　　　　　　　L'aïeul de votre altesse
Est mort ?

DON CARLOS

　　　Duc, tu m'en vois pénétré de tristesse.

DON RUY GOMEZ

Qui lui succède ?

DON CARLOS

Un duc de Saxe est sur les rangs.
François Premier, de France, est un des concurrents.

DON RUY GOMEZ

Où vont se rassembler les électeurs d'empire?

DON CARLOS

300 Ils ont choisi, je crois, Aix-la-Chapelle, — ou Spire,
— Ou Francfort.

DON RUY GOMEZ

Notre roi, dont Dieu garde les jours,
N'a-t-il pensé jamais à l'empire?

DON CARLOS

Toujours.

DON RUY GOMEZ

C'est à vous qu'il revient.

DON CARLOS

Je le sais.

DON RUY GOMEZ

Votre père
Fut archiduc d'Autriche, et l'empire, j'espère,
305 Aura ceci présent, que c'était votre aïeul
Celui qui vient de choir de la pourpre au linceul.

DON CARLOS

Et puis on est bourgeois de Gand[1].

DON RUY GOMEZ

Dans mon jeune âge
Je le vis, votre aïeul. Hélas! seul je surnage
D'un siècle tout entier. Tout est mort à présent.
310 C'était un empereur magnifique et puissant.

DON CARLOS

Rome est pour moi.

DON RUY GOMEZ

Vaillant, ferme, point tyrannique.
Cette tête allait bien au vieux corps germanique!

Il s'incline sur les mains du roi et les baise.

Que je vous plains! — Si jeune, en un tel deuil plongé!

DON CARLOS

Le pape veut ravoir la Sicile que j'ai;
315 Un empereur ne peut posséder la Sicile.
Il me fait empereur : alors, en fils docile,
Je lui rends Naple[1]. — Ayons l'aigle, et puis nous verrons
Si je lui laisserai rogner les ailerons. —

DON RUY GOMEZ

Qu'avec joie il verrait, ce vétéran du trône,
320 Votre front déjà large aller à sa couronne!
Ah! seigneur, avec vous nous le pleurerons bien
Cet empereur très grand, très bon et très chrétien!

DON CARLOS

Le Saint-Père est adroit. — Qu'est-ce que la Sicile?
C'est une île qui pend à mon royaume, une île,
325 Une pièce, un haillon, qui, tout déchiqueté,
Tient à peine à l'Espagne et qui traîne à côté.

— Que ferez-vous, mon fils, de cette île bossue,
Au monde impérial au bout d'un fil cousue ?
Votre empire est mal fait : vite, venez ici,
330 Des ciseaux ! et coupons ! — Très-Saint-Père, merci !
Car de ces pièces-là, si j'ai bonne fortune,
Je compte au saint-empire en recoudre plus d'une,
Et si quelques lambeaux m'en étaient arrachés,
Rapiécer mes états d'îles et de duchés !

DON RUY GOMEZ

335 Consolez-vous ! Il est un empire des justes
Où l'on revoit les morts plus saints et plus augustes !

DON CARLOS

Ce roi François Premier, c'est un ambitieux !
Le vieil empereur mort, vite ! il fait les doux yeux
À l'empire ! A-t-il pas sa France très chrétienne ?
340 Ah ! la part est pourtant belle, et vaut qu'on s'y tienne !
L'empereur mon aïeul disait au roi Louis [1] :
— Si j'étais Dieu le père, et si j'avais deux fils,
Je ferais l'aîné Dieu, le second roi de France. —

Au duc.

Crois-tu que François puisse avoir quelque espérance ?

DON RUY GOMEZ

345 C'est un victorieux.

DON CARLOS

        Il faudrait tout changer.
La bulle d'or [2] défend d'élire un étranger.

DON RUY GOMEZ

À ce compte, Seigneur, vous êtes roi d'Espagne ?

DON CARLOS

Je suis bourgeois de Gand.

DON RUY GOMEZ

                   La dernière campagne
A fait monter bien haut le roi François Premier.

DON CARLOS

350 L'aigle qui va peut-être éclore à mon cimier
Peut aussi déployer ses ailes.

DON RUY GOMEZ

                     Votre altesse
Sait-elle le latin?

DON CARLOS

        Mal.

DON RUY GOMEZ

                Tant pis. La noblesse
D'Allemagne aime fort qu'on lui parle latin.

DON CARLOS

Ils se contenteront d'un espagnol hautain,
355 Car il importe peu, croyez-en le roi Charle,
Quand la voix parle haut, quelle langue elle parle.
— Je vais en Flandre. Il faut que ton roi, cher Silva,
Te revienne empereur Le roi de France va
Tout remuer. Je veux le gagner de vitesse.
360 Je partirai sous peu.

DON RUY GOMEZ

                  Vous nous quittez, altesse,
Sans purger l'Aragon de ces nouveaux bandits
Qui partout dans nos monts lèvent leurs fronts hardis?

DON CARLOS

J'ordonne au duc d'Arcos d'exterminer la bande.

DON RUY GOMEZ

Donnez-vous aussi l'ordre au chef qui la commande
365 De se laisser faire?

DON CARLOS

Hé! quel est ce chef? son nom?

DON RUY GOMEZ

Je l'ignore. On le dit un rude compagnon.

DON CARLOS

Bah! je sais que pour l'heure il se cache en Galice,
Et j'en aurai raison avec quelque milice.

DON RUY GOMEZ

De faux avis alors le disaient près d'ici.

DON CARLOS

370 Faux avis! — Cette nuit tu me loges.

DON RUY GOMEZ, *s'inclinant jusqu'à terre.*

Merci,

Altesse!

Il appelle ses valets.

Faites tous honneur au roi mon hôte!

*Les valets rentrent avec des flambeaux. Le duc les range
sur deux haies jusqu'à la porte du fond. Cependant, doña
Sol s'approche lentement d'Hernani. Le roi les épie tous
deux.*

DOÑA SOL, *bas à Hernani.*

Demain, sous ma fenêtre, à minuit, et sans faute.
Vous frapperez des mains trois fois.

HERNANI, *bas.*

Demain.

DON CARLOS, *à part.*

Demain!

*Haut à doña Sol vers laquelle il fait un pas avec
galanterie.*

Souffrez que pour rentrer je vous offre la main.

Il la reconduit à la porte. Elle sort.

HERNANI, *la main dans sa poitrine sur la poignée de sa dague.*

375 Mon bon poignard!

DON CARLOS, *revenant, à part.*

Notre homme a la mine attrapée.

Il prend à part Hernani.

Je vous ai fait l'honneur de toucher votre épée,
Monsieur. Vous me seriez suspect pour cent raisons.
Mais le roi don Carlos répugne aux trahisons.
Allez. Je daigne encor protéger votre fuite.

DON RUY GOMEZ, *revenant et montrant Hernani.*

380 Qu'est ce seigneur?

DON CARLOS

Il part. C'est quelqu'un de ma suite.

*Ils sortent avec les valets et les flambeaux, le duc
précédant le roi une cire à la main.*

SCÈNE QUATRIÈME

HERNANI, *seul*

Oui, de ta suite, ô roi ! de ta suite ! — j'en suis [1].
Nuit et jour, en effet, pas à pas, je te suis !
Un poignard à la main, l'œil fixé sur ta trace,
Je vais ! Ma race en moi poursuit en toi ta race !
385 Et puis, te voilà donc mon rival ! un instant
Entre aimer et haïr je suis resté flottant,
Mon cœur pour elle et toi n'était point assez large,
J'oubliais en l'aimant ta haine qui me charge,
Mais puisque tu le veux, puisque c'est toi qui viens
390 Me faire souvenir, c'est bon, je me souviens !
Mon amour fait pencher la balance incertaine
Et tombe tout entier du côté de ma haine.
Oui, je suis de ta suite, et c'est toi qui l'as dit !
Va, jamais courtisan de ton lever maudit,
395 Jamais seigneur baisant ton ombre, ou majordome
Ayant à te servir abjuré son cœur d'homme,
Jamais chiens de palais dressés à suivre un roi,
Ne seront sur tes pas plus assidus que moi !
Ce qu'ils veulent de toi, tous ces grands de Castille,
400 C'est quelque titre creux, quelque hochet qui brille,
C'est quelque mouton d'or [2] qu'on va se pendre au cou ;
Moi, pour vouloir si peu je ne suis pas si fou !
Ce que je veux de toi, ce n'est point faveurs vaines,
C'est l'âme de ton corps, c'est le sang de tes veines.
405 C'est tout ce qu'un poignard, furieux et vainqueur,
En y fouillant longtemps peut prendre au fond d'un
                                                    [cœur !
Va devant ! je te suis. Ma vengeance qui veille
Avec moi toujours marche et me parle à l'oreille !
Va ! je suis là, j'épie et j'écoute, et sans bruit

410 Mon pas cherche ton pas et le presse et le suit !
  Le jour tu ne pourras, ô roi, tourner la tête,
  Sans me voir immobile et sombre dans ta fête,
  La nuit tu ne pourras tourner les yeux, ô roi,
  Sans voir mes yeux ardents luire derrière toi !

Il sort par la petite porte.

II

LE BANDIT

SARRAGOSSE

ACTE II

Un patio du palais de Silva. — À gauche, les grands murs du palais, avec une fenêtre à balcon. Au-dessous de la fenêtre, une petite porte. À droite et au fond, des maisons et des rues. — Il est nuit. On voit briller çà et là, aux façades des édifices, quelques fenêtres encore éclairées.

SCÈNE PREMIÈRE

DON CARLOS, DON SANCHO SANCHEZ DE ZUNIGA, *comte de Monterey,* DON MATIAS CENTURION, *marquis d'Almuñan,* DON RICARDO DE ROXAS, *seigneur de Casapalma.*

Ils arrivent tous quatre, don Carlos en tête, chapeaux rabattus, enveloppés de longs manteaux dont leurs épées soulèvent le bord inférieur.

DON CARLOS, *examinant le balcon.*

415 Voilà bien le balcon, la porte... mon sang bout.

Montrant la fenêtre qui n'est pas éclairée.

Pas de lumière encor !

Il promène ses yeux sur les autres croisées éclairées.

Des lumières partout
Où je n'en voudrais pas, hors à cette fenêtre
Où j'en voudrais !

DON SANCHO

Seigneur, reparlons de ce traître.
Et vous l'avez laissé partir!

DON CARLOS

Comme tu dis!

DON MATIAS

420 Et peut-être c'était le major des bandits!

DON CARLOS

Qu'il en soit le major ou bien le capitaine,
Jamais roi couronné n'eut mine plus hautaine.

DON SANCHO

Son nom, seigneur?

DON CARLOS, *les yeux fixés sur la fenêtre.*

Muñoz... Fernan...

Avec le geste d'un homme qui se rappelle tout à coup.

Un nom en i!

DON SANCHO

Hernani, peut-être?

DON CARLOS

Oui.

DON SANCHO

C'est lui!

DON MATIAS

C'est Hernani!

425 Le chef!

DON SANCHO, *au roi.*

De ses propos vous reste-t-il mémoire ?

DON CARLOS, *qui ne quitte pas la fenêtre des yeux.*

Hé ! je n'entendais rien dans leur maudite armoire !

DON SANCHO

Mais pourquoi le lâcher lorsque vous le tenez ?

Don Carlos se tourne gravement et le regarde en face.

DON CARLOS

Comte de Monterey, vous me questionnez[1].

Les deux seigneurs reculent et se taisent.

Et d'ailleurs, ce n'est point le souci qui m'arrête.
430 J'en veux à sa maîtresse et non point à sa tête.
J'en suis amoureux fou ! Les yeux noirs les plus beaux,
Mes amis ! deux miroirs ! deux rayons ! deux flambeaux !
Je n'ai rien entendu de toute leur histoire
Que ces trois mots : — Demain, venez à la nuit noire !
435 Mais c'est l'essentiel. Est-ce pas excellent ?
Pendant que ce bandit, à mine de galant,
S'attarde à quelque meurtre, à creuser quelque tombe,
Je viens tout doucement dénicher sa colombe.

DON RICARDO

Altesse, il eût fallu, pour compléter le tour,
440 Dénicher la colombe en tuant le vautour.

DON CARLOS, *à don Ricardo.*

Comte ! un digne conseil ! vous avez la main prompte !

DON RICARDO, *s'inclinant profondément.*

Sous quel titre plaît-il au roi que je sois comte ?

DON SANCHO, *vivement.*

C'est méprise !

DON RICARDO, *à don Sancho.*

Le roi m'a nommé comte.

DON CARLOS

Assez !

Bien.

À Ricardo.

J'ai laissé tomber ce titre. Ramassez.

DON RICARDO, *s'inclinant de nouveau.*

445 Merci, seigneur !

DON SANCHO, *à don Matias.*

Beau comte ! un comte de surprise !

*Le roi se promène au fond du théâtre, examinant avec
impatience les fenêtres éclairées. Les deux seigneurs causent
sur le devant de la scène.*

DON MATIAS, *à don Sancho.*

Mais que fera le roi, la belle une fois prise ?

DON SANCHO, *regardant Ricardo de travers.*

Il la fera comtesse, et puis dame d'honneur.
Puis qu'il en ait un fils, il sera roi.

DON MATIAS

Seigneur !

Allons donc, un bâtard ! Comte, fût-on altesse,
450 On ne saurait tirer un roi d'une comtesse !

DON SANCHO

Il la fera marquise; alors, mon cher marquis...

DON MATIAS

On garde les bâtards pour les pays conquis.
On les fait vice-rois. C'est à cela qu'ils servent.

Don Carlos revient.

DON CARLOS, *regardant avec colère toutes les fenêtres éclairées.*

Dirait-on pas des yeux jaloux qui nous observent?
455 Enfin! en voilà deux qui s'éteignent! allons!
Messieurs, que les instants de l'attente sont longs!
Qui fera marcher l'heure avec plus de vitesse?

DON SANCHO

C'est ce que nous disons souvent chez votre altesse.

DON CARLOS

Cependant que chez vous mon peuple le redit.

La dernière fenêtre éclairée s'éteint.

460 — La dernière est éteinte! —

Tourné vers le balcon de doña Sol, toujours noir.

Ô vitrage maudit!
Quand t'éclaireras-tu? — Cette nuit est bien sombre!
Doña Sol, viens briller comme un astre dans l'ombre!

À don Ricardo.

Est-il minuit?

DON RICARDO

Minuit bientôt[1].

DON CARLOS

Il faut finir
Pourtant ! À tout moment l'autre peut survenir.

La fenêtre de doña Sol s'éclaire. On voit son ombre se
dessiner sur les vitraux lumineux.

465 Mes amis ! un flambeau ! son ombre à la fenêtre !
Jamais jour ne me fut plus charmant à voir naître.
Hâtons-nous ! faisons-lui le signal qu'elle attend.
Il faut frapper des mains trois fois. — Dans un instant,
Mes amis, vous allez la voir !... — Mais notre nombre
470 Va l'effrayer peut-être... — Allez tous trois dans l'ombre,
Là-bas, épier l'autre. Amis, partageons-nous
Les deux amants. Tenez, à moi la dame, à vous
Le brigand.

DON RICARDO

Grand merci !

DON CARLOS

S'il vient, de l'embuscade
Sortez vite, et poussez au drôle une estocade.
475 Pendant qu'il reprendra ses esprits sur le grès
J'emporterai la belle, et nous rirons après.
N'allez pas cependant le tuer ! C'est un brave
Après tout, et la mort d'un homme est chose grave.

Les deux seigneurs s'inclinent et sortent. Don Carlos les
laisse s'éloigner, puis frappe des mains à deux reprises. À la
deuxième fois la fenêtre s'ouvre, et doña Sol paraît en blanc
sur le balcon.

SCÈNE DEUXIÈME

DON CARLOS, DOÑA SOL

DOÑA SOL, *au balcon.*

Est-ce vous, Hernani?

DON CARLOS, *à part.*

Diable! ne parlons pas!

Il frappe de nouveau des mains.

DOÑA SOL

480 Je descends.

Elle referme la fenêtre, dont la lumière disparaît. Un moment après, la petite porte s'ouvre et doña Sol en sort sa lampe à la main, sa mante sur les épaules.

DOÑA SOL, *entr'ouvrant la porte.*

Hernani!

Don Carlos rabat son chapeau sur son visage et s'avance précipitamment vers elle.

DOÑA SOL, *laissant tomber sa lampe.*

Dieu! ce n'est point son pas!

Elle veut rentrer. Don Carlos court à elle et la retient par le bras.

DON CARLOS

Doña Sol!

DOÑA SOL

Ce n'est point sa voix! Ah! malheureuse!

DON CARLOS

Eh ! quelle voix veux-tu, qui soit plus amoureuse ?
C'est toujours un amant, et c'est un amant roi !

DOÑA SOL

Le roi !

DON CARLOS

  Souhaite, ordonne, un royaume est à toi !
485 Car celui dont tu veux briser la douce entrave
C'est le roi ton seigneur ! c'est Carlos ton esclave !

DOÑA SOL, *cherchant à se dégager de ses bras.*

Au secours, Hernani !

DON CARLOS

  Le juste et digne effroi !
Ce n'est pas ton bandit qui te tient, c'est le roi !

DOÑA SOL

Non. Le bandit, c'est vous. — N'avez-vous pas de honte ?
490 Ah ! pour vous à la face une rougeur me monte.
Sont-ce là les exploits dont le roi fera bruit ?
Venir ravir de force une femme la nuit !
Que mon bandit vaut mieux cent fois ! Roi, je proclame
Que, si l'homme naissait où le place son âme,
495 Si Dieu faisait le rang à la hauteur du cœur,
Certe, il serait le roi, prince, et vous le voleur !

DON CARLOS, *essayant de l'attirer.*

Madame...

DOÑA SOL

  Oubliez-vous que mon père était comte ?

DON CARLOS

Je vous ferai duchesse.

DOÑA SOL, *le repoussant.*

Allez ! c'est une honte !

Elle recule de quelques pas.

Il ne peut être rien entre nous, don Carlos.
500 Mon vieux père a pour vous versé son sang à flots.
Moi je suis fille noble, et de ce sang jalouse.
Trop pour la concubine[1], et trop peu pour l'épouse !

DON CARLOS

Princesse !

DOÑA SOL

Roi Carlos, à des filles de rien
Portez votre amourette, ou je pourrais fort bien,
505 Si vous m'osez traiter d'une façon infâme,
Vous montrer que je suis dame, et que je suis femme !

DON CARLOS

Eh bien ! partagez donc et mon trône et mon nom.
Venez ! vous serez reine, impératrice !

DOÑA SOL

Non.

C'est un leurre. — Et d'ailleurs, altesse, avec franchise,
510 S'agit-il pas de vous, s'il faut que je le dise,
J'aime mieux avec lui, mon Hernani, mon roi,
Vivre errante, en dehors du monde et de la loi,
Ayant faim, ayant soif, fuyant toute l'année,
Partageant jour à jour sa pauvre destinée,
515 Abandon, guerre, exil, deuil, misère et terreur,
Que d'être impératrice avec un empereur !

DON CARLOS

Que cet homme est heureux!

DOÑA SOL

Quoi! pauvre, proscrit même!...

DON CARLOS

Qu'il fait bien d'être pauvre et proscrit, puisqu'on
[l'aime!
Moi, je suis seul! — Un ange accompagne ses pas!
520 — Donc vous me haïssez?

DOÑA SOL

Je ne vous aime pas.

DON CARLOS, *la saisissant avec violence.*

Eh bien! que vous m'aimiez ou non, cela n'importe!
Vous viendrez, et ma main plus que la vôtre est forte.
Vous viendrez! je vous veux! Pardieu, nous verrons bien
Si je suis roi d'Espagne et des Indes pour rien!

DOÑA SOL, *se débattant.*

525 Seigneur! oh! par pitié! — Quoi! vous êtes altesse!
Vous êtes roi. Duchesse, ou marquise, ou comtesse,
Vous n'avez qu'à choisir. Les femmes de la cour
Ont toujours un amour tout prêt pour votre amour.
Mais mon proscrit, qu'a-t-il reçu du Ciel avare?
530 Ah! vous avez Castille, Aragon et Navarre,
Et Murcie, et Léon, dix royaumes encor!
Et les Flamands, et l'Inde avec les mines d'or!
Vous avez un empire auquel nul roi ne touche,
Si vaste, que jamais le soleil ne s'y couche!
535 Et quand vous avez tout, voudrez-vous, vous, le roi,
Me prendre, pauvre fille, à lui qui n'a que moi?

Elle se jette à ses genoux. Il cherche à l'entraîner.

DON CARLOS

Viens! Je n'écoute rien! Viens! Si tu m'accompagnes,
Je te donne, choisis, quatre de mes Espagnes!
Dis, lesquelles veux-tu? Choisis!

Elle se débat dans ses bras.

DOÑA SOL

Pour mon honneur,
540 Je ne veux rien de vous que ce poignard, seigneur!

Elle lui arrache le poignard de sa ceinture. Il la lâche et recule.

Avancez maintenant! faites un pas!

DON CARLOS

La belle!
Je ne m'étonne plus si l'on aime un rebelle!

Il veut faire un pas. Elle lève le poignard.

DOÑA SOL

Pour un pas, je vous tue et me tue!

Il recule encore. Elle se détourne et crie avec force.

Hernani!
Hernani!

DON CARLOS

Taisez-vous!

DOÑA SOL, *le poignard levé.*

Un pas! tout est fini.

DON CARLOS

545 Madame! à cet excès ma douceur est réduite.
J'ai là pour vous forcer trois hommes de ma suite...

HERNANI, *surgissant tout à coup derrière lui.*

Vous en oubliez un!

> *Le roi se retourne et voit Hernani, immobile derrière lui,*
> *dans l'ombre, les bras croisés sous le long manteau qui*
> *l'enveloppe, et le large bord de son chapeau relevé. — Doña*
> *Sol pousse un cri, court à Hernani et l'entoure de ses bras.*

SCÈNE TROISIÈME

DON CARLOS, DOÑA SOL, HERNANI

HERNANI, *immobile, les bras toujours croisés et ses yeux*
étincelants fixés sur le roi.

Oh! le ciel m'est témoin
Que volontiers je l'eusse été chercher plus loin!

DOÑA SOL

Hernani, sauvez-moi de lui!

HERNANI

Soyez tranquille,
550 Mon amour!

DON CARLOS

Que font donc mes amis par la ville?
Avoir laissé passer ce chef de bohémiens!

Appelant.

Monterey!

HERNANI

Vos amis sont au pouvoir des miens.
Et ne réclamez pas leur épée impuissante;
Pour trois qui vous viendraient, il m'en viendrait
[soixante,

555 Soixante dont un seul vous vaut tous quatre. Ainsi
Vidons entre nous deux notre querelle ici.
Quoi! vous portiez la main sur cette jeune fille!
C'était d'un imprudent, seigneur roi de Castille,
Et d'un lâche!

DON CARLOS, *souriant avec dédain.*

Seigneur bandit, de vous à moi
560 Pas de reproche!

HERNANI

Il raille! Oh! je ne suis pas roi!
Mais quand un roi m'insulte et pour surcroît me raille,
Ma colère va haut et me monte à sa taille,
Et, prenez garde, on craint, quand on me fait affront,
Plus qu'un cimier de roi la rougeur de mon front!
565 Vous êtes insensé si quelque espoir vous leurre.

Il lui saisit le bras.

Savez-vous quelle main vous étreint à cette heure?
Écoutez : votre père a fait mourir le mien,
Je vous hais. Vous avez pris mon titre et mon bien,
Je vous hais. Nous aimons tous deux la même femme,
570 Je vous hais, je vous hais, — oui, je te hais dans l'âme!

DON CARLOS

C'est bien.

HERNANI

Ce soir pourtant ma haine était bien loin.
Je n'avais qu'un désir, qu'une ardeur, qu'un besoin,
Doña Sol! — plein d'amour, j'accourais... Sur mon âme!
Je vous trouve essayant contre elle un rapt infâme!
575 Quoi! vous que j'oubliais, sur ma route placé!... —
Seigneur, je vous le dis, vous êtes insensé!

Don Carlos, te voilà pris dans ton propre piège !
Ni fuite, ni secours ! je te tiens et t'assiège !
Seul, entouré partout d'ennemis acharnés,
580 Que vas-tu faire ?

DON CARLOS, *fièrement.*

Allons ! vous me questionnez !

HERNANI

Va, va, je ne veux pas qu'un bras obscur te frappe.
Il ne sied pas qu'ainsi ma vengeance m'échappe !
Tu ne seras touché par un autre que moi,
Défends-toi donc.

Il tire son épée.

DON CARLOS

Je suis votre seigneur le roi.
585 Frappez, mais pas de duel.

HERNANI

Seigneur, qu'il te souvienne
Qu'hier encor ta dague a rencontré la mienne.

DON CARLOS

Je le pouvais hier. J'ignorais votre nom,
Vous ignoriez mon titre. Aujourd'hui, compagnon,
Vous savez qui je suis et je sais qui vous êtes.

HERNANI

590 Peut-être.

DON CARLOS

Pas de duel. Assassinez-moi. Faites !

HERNANI

Crois-tu donc que les rois à moi me sont sacrés[1]?
Çà, te défendras-tu?

DON CARLOS

Vous m'assassinerez.
Ah! vous croyez, bandits, que vos brigades viles
Pourront impunément s'épandre dans les villes?

Hernani recule. Don Carlos fixe des yeux d'aigle sur lui.

595 Que teints de sang, chargés de meurtres, malheureux!
Vous pourrez après tout faire les généreux!
Et que nous daignerons, nous, victimes trompées,
Anoblir vos poignards du choc de nos épées!
Non, le crime vous tient. Partout vous le traînez.
600 Nous, des duels avec vous! arrière! assassinez.

*Hernani, sombre et pensif, tourmente quelques instants de
la main la poignée de son épée, puis se retourne brusquement
vers le roi, et brise la lame sur le pavé.*

HERNANI

Va-t'en donc!

Le roi se tourne à demi vers lui et le regarde avec hauteur.

Nous aurons des rencontres meilleures.
Va-t'en.

DON CARLOS

C'est bien, monsieur. Je vais dans quelques heures
Rentrer, moi votre roi, dans le palais ducal.
Mon premier soin sera de mander le fiscal.
605 A-t-on fait mettre à prix votre tête?

HERNANI

Oui.

DON CARLOS

Mon maître,
Je vous tiens de ce jour sujet rebelle et traître.
Je vous en avertis, partout, je vous poursuis.
Je vous fais mettre au ban du royaume.

HERNANI

J'y suis

Déjà.

DON CARLOS

Bien.

HERNANI

Mais la France est auprès de l'Espagne.
610 C'est un port.

DON CARLOS

Je vais être empereur d'Allemagne.
Je vous fais mettre au ban de l'empire.

HERNANI

À ton gré,
J'ai le reste du monde où je te braverai.
Il est plus d'un asile où ta puissance tombe.

DON CARLOS

Et quand j'aurai le monde?

HERNANI

Alors, j'aurai la tombe.

DON CARLOS

615 Je saurai déjouer vos complots insolents.

HERNANI

La vengeance est boiteuse, elle vient à pas lents,
Mais elle vient.

DON CARLOS, *riant à demi, avec dédain.*

Toucher à la dame qu'adore
Ce bandit !

HERNANI, *dont les yeux se rallument.*

Songes-tu que je te tiens encore !
Ne me rappelle pas, futur césar romain,
620 Que je t'ai là, chétif et petit dans ma main,
Et que, si je serrais cette main trop loyale,
J'écraserais dans l'œuf ton aigle impériale !

DON CARLOS

Faites !

HERNANI

Va-t'en ! va-t'en !

Il ôte son manteau et le jette sur les épaules du roi.

Fuis, et prends ce manteau.
Car dans nos rangs pour toi je crains quelque couteau.

Le roi s'enveloppe du manteau.

625 Pars tranquille à présent ! Ma vengeance altérée
Pour tout autre que moi fait ta tête sacrée.

DON CARLOS

Monsieur, vous qui venez de me parler ainsi,
Ne demandez un jour ni grâce ni merci !

Il sort.

SCÈNE QUATRIÈME

HERNANI, DOÑA SOL

DOÑA SOL, *saisissant la main d'Hernani.*

Maintenant! fuyons vite!

HERNANI, *la repoussant avec une douceur grave.*

     Il vous sied, mon amie,
630 D'être dans mon malheur toujours plus raffermie,
De n'y point renoncer, et de vouloir toujours
Jusqu'au fond, jusqu'au bout accompagner mes jours.
C'est un noble dessein, digne d'un cœur fidèle!
Mais, tu le vois, mon Dieu, pour tant accepter d'elle,
635 Pour emporter joyeux dans mon antre avec moi
Ce trésor de beauté qui rend jaloux un roi,
Pour que ma doña Sol me suive et m'appartienne,
Pour lui prendre sa vie et la joindre à la mienne,
Pour l'entraîner sans honte encore et sans regrets,
640 Il n'est plus temps! je vois l'échafaud de trop près.

DOÑA SOL

Que dites-vous?

HERNANI

    Ce roi que je bravais en face
Va me punir d'avoir osé lui faire grâce.
Il fuit! Déjà peut-être il est dans son palais.
Il appelle ses gens, ses gardes, ses valets,
645 Ses seigneurs, ses bourreaux...

DOÑA SOL

      Hernani! Dieu! je tremble!
Eh bien, hâtons-nous donc alors! Fuyons ensemble!

HERNANI

Ensemble ! Non, non. L'heure en est passée ! Hélas,
Doña Sol, à mes yeux quand tu te révélas,
Bonne, et daignant m'aimer d'un amour secourable,
650 J'ai bien pu vous offrir, moi, pauvre misérable,
Ma montagne, mon bois, mon torrent, — ta pitié
M'enhardissait, — mon pain de proscrit, la moitié
Du lit vert et touffu que la forêt me donne.
Mais t'offrir la moitié de l'échafaud ! pardonne,
655 Doña Sol, l'échafaud, c'est à moi seul !

DOÑA SOL

Pourtant

Vous me l'aviez promis !

HERNANI, *tombant à ses genoux.*

Ange ! ah ! dans cet instant
Où la mort vient peut-être, où s'approche dans l'ombre
Un sombre dénoûment pour un destin bien sombre,
Je le déclare ici, proscrit, traînant au flanc
660 Un souci profond, né dans un berceau sanglant,
Si noir que soit le deuil qui s'épand sur ma vie,
Je suis un homme heureux, et je veux qu'on m'envie,
Car vous m'avez aimé ! car vous me l'avez dit !
Car vous avez tout bas béni mon front maudit !

DOÑA SOL, *penchée sur sa tête.*

665 Hernani !

HERNANI

Loué soit le sort doux et propice
Qui me mit cette fleur au bord du précipice !

Il se relève.

Et ce n'est pas pour vous que je parle en ce lieu,
Je parle pour le ciel qui m'écoute et pour Dieu !

DOÑA SOL

Souffre que je te suive !

HERNANI

Oh ! ce serait un crime
670 Que d'arracher la fleur en tombant dans l'abîme !
Va, j'en ai respiré le parfum ! c'est assez !
Renoue à d'autres jours tes jours par moi froissés.
Épouse ce vieillard ! C'est moi qui te délie.
Je rentre dans ma nuit. Toi, sois heureuse, oublie !

DOÑA SOL

675 Non, je te suis ! Je veux ma part de ton linceul !
Je m'attache à tes pas !

HERNANI, *la serrant dans ses bras.*

Oh ! laisse-moi fuir seul !

Il la quitte avec un mouvement convulsif et veut fuir.

DOÑA SOL, *douloureusement et joignant les mains.*

Hernani ! tu me fuis ! Ainsi donc, insensée,
Avoir donné sa vie, et se voir repoussée,
Et n'avoir, après tant d'amour et tant d'ennui,
680 Pas même le bonheur de mourir près de lui.

HERNANI

Je suis banni ! je suis proscrit ! je suis funeste [1] !

DOÑA SOL

Ah ! vous êtes ingrat !

HERNANI, *revenant sur ses pas.*

Eh bien ! non ! non, je reste.
Tu le veux, me voici. Viens, oh ! viens dans mes bras !

Je reste et resterai tant que tu le voudras.
685 Oublions-les! restons! —

Il s'assied sur un banc de pierre.

Sieds-toi sur cette pierre!

Il se place à ses pieds.

Des flammes de tes yeux inonde ma paupière.
Chante-moi quelque chant comme parfois le soir
Tu m'en chantais, avec des pleurs dans ton œil noir!
Soyons heureux! buvons, car la coupe est remplie,
690 Car cette heure est à nous, et le reste est folie!
Parle-moi, ravis-moi! N'est-ce pas qu'il est doux
D'aimer et de savoir qu'on vous aime à genoux?
D'être deux? d'être seuls? et que c'est douce chose
De se parler d'amour la nuit, quand tout repose?
695 Oh! laisse-moi dormir et rêver sur ton sein,
Doña Sol! mon amour! ma beauté!...

Bruit de cloches au loin.

DOÑA SOL, *se levant effarée.*

Le tocsin!

Entends-tu le tocsin?

HERNANI, *toujours à ses genoux.*

Eh non! c'est notre noce

Qu'on sonne.

Le bruit des cloches augmente. Cris confus, flambeaux et lumières à toutes les fenêtres, sur tous les toits, dans toutes les rues.

DOÑA SOL

Lève-toi! fuis! Grand Dieu! Sarragosse

S'allume!

HERNANI, *se soulevant à demi.*

Nous aurons une noce aux flambeaux!

DOÑA SOL

700 C'est la noce des morts! la noce des tombeaux!

Bruit d'épées. Cris.

HERNANI, *se recouchant sur le banc de pierre.*

Rendormons-nous!

UN MONTAGNARD, *l'épée à la main, accourant.*

Seigneur! les sbires, les alcades
Débouchent dans la place en longues cavalcades!
Alerte, monseigneur!

Hernani se lève.

DOÑA SOL, *pâle.*

Ah! tu l'avais bien dit!

LE MONTAGNARD

Au secours!...

HERNANI, *au montagnard.*

Me voici. C'est bien.

CRIS CONFUS, *au-dehors.*

Mort au bandit!

HERNANI, *au montagnard.*

705 Ton épée...

À doña Sol.

Adieu donc!

DOÑA SOL

C'est moi qui fais ta perte!

Où vas-tu?

Lui montrant la petite porte.

Viens, fuyons par cette porte ouverte!

HERNANI

Dieu! laisser mes amis! que dis-tu?

Tumulte et cris.

DOÑA SOL

Ces clameurs

Me brisent.

Retenant Hernani.

Souviens-toi que, si tu meurs, je meurs.

HERNANI, *la tenant embrassée.*

Un baiser!

DOÑA SOL

Mon époux! mon Hernani! mon maître!...

HERNANI, *la baisant sur le front.*

710 Hélas! c'est le premier!

DOÑA SOL

C'est le dernier peut-être.

Il part. Elle tombe sur le banc.

III
LE VIEILLARD

LE CHÂTEAU DE SILVA
Dans les montagnes d'Aragon

ACTE III

La galerie des portraits de la famille de Silva ; grande salle, dont ces portraits, entourés de riches broderies et surmontés de couronnes ducales et d'écussons dorés, font la décoration. Au fond, une haute porte gothique. Entre chaque portrait, une panoplie complète, toutes de siècles différents.

SCÈNE PREMIÈRE

DOÑA SOL, *blanche et debout près d'une table ;*
DON RUY GOMEZ DE SILVA, *assis dans son grand fauteuil ducal en bois de chêne.*

DON RUY GOMEZ

Enfin ! c'est aujourd'hui ! dans une heure on sera
Ma duchesse ! plus d'oncle ! et l'on m'embrassera !
Mais m'as-tu pardonné ? J'avais tort. Je l'avoue.
J'ai fait rougir ton front, j'ai fait pâlir ta joue,
715 J'ai soupçonné trop vite, et je n'aurais point dû
Te condamner ainsi sans avoir entendu.
Que l'apparence a tort ! injustes que nous sommes !
Certe, ils étaient bien là, les deux beaux jeunes hommes !
C'est égal ; je devais n'en pas croire mes yeux.
720 Mais que veux-tu, ma pauvre enfant ! quand on est vieux !

DOÑA SOL, *immobile et grave.*

Vous reparlez toujours de cela. Qui vous blâme ?

DON RUY GOMEZ

Moi, j'eus tort. Je devais savoir qu'avec ton âme
On n'a point de galants lorsqu'on est doña Sol,
Et qu'on a dans le cœur de bon sang espagnol !

DOÑA SOL

725 Certe ! il est bon et pur, monseigneur, et peut-être
On le verra bientôt.

DON RUY GOMEZ, *se levant et allant à elle.*

        Écoute : on n'est pas maître
De soi-même, amoureux comme je suis de toi,
Et vieux. On est jaloux, on est méchant ; pourquoi ?
Parce que l'on est vieux ; parce que beauté, grâce
730 Jeunesse dans autrui, tout fait peur, tout menace
Parce qu'on est jaloux des autres et honteux
De soi. Dérision ! Que cet amour boiteux
Qui nous remet au cœur tant d'ivresse et de flamme,
Ait oublié le corps en rajeunissant l'âme !
735 — Quand passe un jeune pâtre, — Oui, c'en est là ! —
                              [souvent,
Tandis que nous allons, lui chantant, moi rêvant,
Lui dans son pré vert, moi dans mes noires allées,
Souvent je dis tout bas : — Ô mes tours crénelées,
Mon vieux donjon ducal, que je vous donnerais,
740 Oh ! que je donnerais mes blés et mes forêts,
Et les vastes troupeaux qui tondent mes collines,
Mon vieux nom, mon vieux titre, et toutes mes ruines,
Et tous mes vieux aïeux, qui bientôt m'attendront,
Pour sa chaumière neuve et pour son jeune front !
745 Car ses cheveux sont noirs, car son œil reluit comme

Le tien. Tu peux le voir et dire : Ce jeune homme !
Et puis penser à moi qui suis vieux. Je le sais !
Pourtant j'ai nom Silva ; mais ce n'est plus assez !
Oui, je me dis cela. Vois à quel point je t'aime.
750 Le tout, pour être jeune et beau comme toi-même !
Mais à quoi vais-je ici rêver ? Moi, jeune et beau !
Qui te dois de si loin devancer au tombeau !

DOÑA SOL

Qui sait ?

DON RUY GOMEZ

　　　　Mais va, crois-moi, ces cavaliers frivoles
N'ont pas d'amour si grand qu'il ne s'use en paroles.
755 Qu'une fille aime et croie un de ces jouvenceaux,
Elle en meurt, il en rit. Tous ces jeunes oiseaux,
À l'aile vive et peinte, au langoureux ramage,
Ont un amour qui mue ainsi que leur plumage.
Les vieux, dont l'âge éteint la voix et les couleurs,
760 Ont l'aile plus fidèle, et, moins beaux, sont meilleurs.
Nous aimons bien. — Nos pas sont lourds ? nos yeux
　　　　　　　　　　　　　　　　　　　[arides ?
Nos fronts ridés ? Au cœur on n'a jamais de rides.
Hélas ! quand un vieillard aime, il faut l'épargner.
Le cœur est toujours jeune et peut toujours saigner.
765 Oh ! mon amour n'est point comme un jouet de verre
Qui brille et tremble ; oh non ! c'est un amour sévère,
Profond, solide, sûr, paternel, amical,
De bois de chêne, ainsi que mon fauteuil ducal !
Voilà comme je t'aime, et puis je t'aime encore
770 De cent autres façons : comme on aime l'aurore,
Comme on aime les fleurs, comme on aime les cieux !
De te voir tous les jours, toi, ton pas gracieux,
Ton front pur, le beau feu de ta fière prunelle,
Je ris, et j'ai dans l'âme une fête éternelle !

DOÑA SOL

775 Hélas!

DON RUY GOMEZ

Et puis, vois-tu? le monde trouve beau,
Lorsqu'un homme s'éteint et, lambeau par lambeau
S'en va, lorsqu'il trébuche au marbre de la tombe,
Qu'une femme, ange pur, innocente colombe,
Veille sur lui, l'abrite et daigne encor souffrir
780 L'inutile vieillard qui n'est bon qu'à mourir!
C'est une œuvre sacrée et qu'à bon droit on loue
Que ce suprême effort d'un cœur qui se dévoue,
Qui console un mourant jusqu'à la fin du jour,
Et, sans aimer peut-être, a des semblants d'amour!
785 Oh! tu seras pour moi cet ange au cœur de femme
Qui du pauvre vieillard réjouit encor l'âme,
Et de ses derniers ans lui porte la moitié,
Fille par le respect et sœur par la pitié!

DOÑA SOL

Loin de me précéder, vous pourrez bien me suivre,
790 Monseigneur. Ce n'est pas une raison pour vivre
Que d'être jeune. Hélas! je vous le dis, souvent
Les vieillards sont tardifs, les jeunes vont devant!
Et leurs yeux brusquement referment leur paupière,
Comme un sépulcre ouvert dont retombe la pierre!

DON RUY GOMEZ

795 Oh! les sombres discours! Mais je vous gronderai,
Enfant! un pareil jour est joyeux et sacré.
Comment, à ce propos, quand l'heure nous appelle,
N'êtes-vous pas encor prête pour la chapelle?
Mais vite! habillez-vous. Je compte les instants.
800 La parure de noce!

DOÑA SOL

Il sera toujours temps.

DON RUY GOMEZ

Non pas.

Entre un page.

Que veut Iaquez?

LE PAGE

Monseigneur, à la porte,
Un homme, un pèlerin, un mendiant, n'importe,
Est là qui vous demande asile.

DON RUY GOMEZ

Quel qu'il soit,
Le bonheur entre avec l'étranger qu'on reçoit,
805 Qu'il vienne. — Du dehors a-t-on quelques nouvelles?
Que dit-on de ce chef de bandits infidèles
Qui remplit nos forêts de sa rébellion?

LE PAGE

C'en est fait d'Hernani; c'en est fait du lion
De la montagne

DOÑA SOL, *à part.*

Dieu!

DON RUY GOMEZ, *au page.*

Quoi?

LE PAGE

La troupe est détruite.
810 Le roi, dit-on, s'est mis lui-même à leur poursuite.

La tête d'Hernani vaut mille écus du roi
Pour l'instant ; mais on dit qu'il est mort.

DOÑA SOL, à part.

Quoi ! sans moi,
Hernani !

DON RUY GOMEZ

Grâce au ciel ! il est mort, le rebelle !
On peut se réjouir maintenant, chère belle.
815 Allez donc vous parer, mon amour, mon orgueil.
Aujourd'hui, double fête !

DOÑA SOL, à part.

Oh ! des habits de deuil !

Elle sort.

DON RUY GOMEZ, au page.

Fais-lui vite porter l'écrin que je lui donne.

Il se rassied dans son fauteuil.

Je veux la voir parée ainsi qu'une madone,
Et, grâce à ses doux yeux et grâce à mon écrin,
820 Belle à faire à genoux tomber un pèlerin.
À propos, et celui qui nous demande un gîte !
Dis-lui d'entrer, fais-lui nos excuses, cours vite.

Le page salue et sort.

Laisser son hôte attendre ! ah ! c'est mal !

La porte du fond s'ouvre. Paraît Hernani déguisé en
pèlerin. Le duc se lève.

SCÈNE DEUXIÈME

DON RUY GOMEZ, HERNANI *déguisé en pèlerin.*

> *Hernani s'arrête sur le seuil de la porte.*

HERNANI

                      Monseigneur,
Paix et bonheur à vous !

DON RUY GOMEZ, *le saluant de la main.*

                À toi paix et bonheur,
825 Mon hôte !

> *Hernani entre. Le duc se rassied.*

N'es-tu pas pèlerin ?

HERNANI, *s'inclinant.*

               Oui.

DON RUY GOMEZ

                  Sans doute
Tu viens d'Armillas ?

HERNANI

             Non. J'ai pris une autre route.
On se battait par là.

DON RUY GOMEZ

           La troupe du banni,
N'est-ce pas ?

HERNANI

     Je ne sais.

DON RUY GOMEZ

Le chef, le Hernani,
Que devient-il? sais-tu?

HERNANI

Seigneur, quel est cet homme?

DON RUY GOMEZ

830 Tu ne le connais pas? tant pis! la grosse somme
Ne sera point pour toi. Vois-tu? ce Hernani,
C'est un rebelle au roi, trop longtemps impuni.
Si tu vas à Madrid, tu le pourras voir pendre.

HERNANI

Je n'y vais pas.

DON RUY GOMEZ

Sa tête est à qui veut la prendre.

HERNANI, *à part.*

835 Qu'on y vienne!

DON RUY GOMEZ

Où vas-tu, bon pèlerin?

HERNANI

Seigneur,
Je vais à Sarragosse.

DON RUY GOMEZ

Un vœu fait en l'honneur
D'un saint? de Notre-Dame?...

HERNANI

Oui, duc, de Notre-Dame.

DON RUY GOMEZ

Del Pilar[1]?

HERNANI

Del Pilar.

DON RUY GOMEZ

                        Il faut n'avoir point d'âme
Pour ne point acquitter les vœux qu'on fait aux saints
840 Mais, le tien accompli, n'as-tu d'autres desseins?
Voir le Pilier, c'est là tout ce que tu désires?

HERNANI

Oui, je veux voir brûler les flambeaux et les cires,
Voir Notre-Dame, au fond du sombre corridor,
Luire en sa châsse ardente avec sa chape d'or,
845 Et puis m'en retourner.

DON RUY GOMEZ

                        Fort bien. — Ton nom, mon frère?
Je suis Ruy de Silva.

HERNANI, *hésitant.*

                        Mon nom?...

DON RUY GOMEZ

                                        Tu peux le taire
Si tu veux. Nul n'a droit de le savoir ici.
Viens-tu pas demander asile?

HERNANI

                        Oui, duc.

DON RUY GOMEZ

                                        Merci.
Sois le bienvenu! — Reste, ami, ne te fais faute

850 De rien. Quant à ton nom, tu te nommes mon hôte.
Qui que tu sois, c'est bien ; et, sans être inquiet,
J'accueillerais Satan, si Dieu me l'envoyait.

La porte du fond s'ouvre à deux battants. Entre doña Sol,
en parure de mariée. Derrière elle, pages, valets, et deux
femmes portant sur un coussin de velours un coffret d'argent
ciselé, qu'elles vont déposer sur une table, et qui renferme un
riche écrin, couronne de duchesse, bracelets, colliers, perles et
brillants pêle-mêle. — Hernani, haletant et effaré, consi-
dère doña Sol avec des yeux ardents sans écouter le duc.

SCÈNE TROISIÈME

LES MÊMES, DOÑA SOL,
PAGES, VALETS, FEMMES

DON RUY GOMEZ, *continuant.*

— Voici ma Notre-Dame à moi. L'avoir priée
Te portera bonheur !

Il va présenter la main à doña Sol, toujours pâle et grave.

Ma belle mariée,
855 Venez ! — Quoi ! pas d'anneau ! pas de couronne encor !

HERNANI, *d'une voix tonnante.*

Qui veut gagner ici mille carolus d'or ?

Tous se retournent étonnés. Il déchire sa robe de pèlerin,
la foule aux pieds et en sort en costume de montagnard.

Je suis Hernani

DOÑA SOL, *à part, avec joie.*

Ciel ! vivant !

HERNANI, *aux valets.*

Je suis cet homme

Qu'on cherche!

Au duc.

Vous vouliez savoir si je me nomme
Perez ou Diego? — Non, je me nomme Hernani!
860 C'est un bien plus beau nom, c'est un nom de banni,
C'est un nom de proscrit! Vous voyez cette tête?
Elle vaut assez d'or pour payer votre fête!

Aux valets.

Je vous la donne à tous! vous serez bien payés!
Prenez! liez mes mains! liez mes pieds! liez!
865 Mais non, c'est inutile, une chaîne me lie
Que je ne romprai point!

DOÑA SOL, *à part.*

Malheureuse!

DON RUY GOMEZ

Folie!

Çà, mon hôte est un fou!

HERNANI

Votre hôte est un bandit!

DOÑA SOL

Oh! ne l'écoutez pas!

HERNANI

J'ai dit ce que j'ai dit.

DON RUY GOMEZ

Mille carolus d'or! Monsieur, la somme est forte,
870 Et je ne suis pas sûr de tous mes gens!

HERNANI

Qu'importe !
Tant mieux, si dans le nombre il s'en trouve un qui veut !

Aux valets.

Livrez-moi ! vendez-moi !

DON RUY GOMEZ, *s'efforçant de le faire taire.*

Taisez-vous donc ! On peut
Vous prendre au mot !

HERNANI

Amis ! l'occasion est belle !
Je vous dis que je suis le proscrit, le rebelle.
875 Hernani !

DON RUY GOMEZ

Taisez-vous !

HERNANI

Hernani !

DOÑA SOL, *d'une voix éteinte, à son oreille.*

Oh ! tais-toi !

HERNANI, *se détournant à demi vers doña Sol.*

On se marie ici ! Je veux en être, moi !
Mon épousée aussi m'attend !

Au duc.

Elle est moins belle
Que la vôtre, seigneur, mais n'est pas moins fidèle.
C'est la mort !

Aux valets.

Nul de vous ne fait un pas encor ?

DOÑA SOL, *bas.*

880 Par pitié !

HERNANI, *aux valets.*

Hernani ! mille carolus d'or !

DON RUY GOMEZ

C'est le démon !

HERNANI, *à un jeune valet.*

Viens, toi, tu gagneras la somme
Riche alors, de valet tu redeviendras homme !

Aux valets qui restent immobiles.

Vous aussi, vous tremblez ! ai-je assez de malheur !

DON RUY GOMEZ

Frère, à toucher ta tête ils risqueraient la leur !
885 Fusses-tu Hernani, fusses-tu cent fois pire,
Pour ta vie au lieu d'or offrît-on un empire,
Mon hôte ! je te dois protéger en ce lieu
Même contre le roi, car je te tiens de Dieu !
S'il tombe un seul cheveu de ton front, que je meure !

À doña Sol.

890 Ma nièce, vous serez ma femme dans une heure ;
Rentrez chez vous ; je vais faire armer le château,
J'en vais fermer la porte.

Il sort. Les valets le suivent.

HERNANI, *regardant avec désespoir
sa ceinture dégarnie et désarmée.*

Oh ! pas même un couteau !

*Doña Sol, après que le duc a disparu, fait quelques pas
comme pour suivre ses femmes, puis s'arrête, et dès qu'elles
sont sorties, revient vers Hernani avec anxiété.*

SCÈNE QUATRIÈME

HERNANI, DOÑA SOL

Hernani considère avec un regard froid et comme inattentif l'écrin nuptial placé sur la table ; puis il hoche la tête, et ses yeux s'allument.

HERNANI

Je vous fais compliment ! — Plus que je ne puis dire
La parure me charme, et m'enchante, — et j'admire !

Il s'approche de l'écrin.

895 La bague est de bon goût, — la couronne me plaît, —
Le collier est d'un beau travail, — le bracelet
Est rare, — mais cent fois, cent fois moins que la femme
Qui sous un front si pur cache ce cœur infâme !

Examinant de nouveau le coffret.

Et qu'avez-vous donné pour tout cela ? — Fort bien !
900 Un peu de votre amour ? mais vraiment, c'est pour rien !
Grand Dieu ! trahir ainsi ! n'avoir pas honte, et vivre !

Examinant l'écrin.

— Mais peut-être après tout c'est perle fausse, et cuivre
Au lieu d'or, verre et plomb, diamants déloyaux,
Faux saphirs, faux bijoux, faux brillants, faux joyaux.
905 Ah ! s'il en est ainsi, comme cette parure,
Ton cœur est faux, duchesse, et tu n'es que dorure[1] !

Il revient au coffret.

— Mais non, non. Tout est vrai, tout est bon, tout est
[beau.
Il n'oserait tromper, lui qui touche au tombeau !
Rien n'y manque.

Il prend l'une après l'autre toutes les pièces de l'écrin.

Collier, brillants, pendants d'oreille,
910 Couronne de duchesse, anneau d'or..., — à merveille !
Grand merci de l'amour sûr, fidèle et profond !
Le précieux écrin !

DOÑA SOL

Elle va au coffret, y fouille, et en tire un poignard.

Vous n'allez pas au fond. —
C'est le poignard qu'avec l'aide de ma patronne
Je pris au roi Carlos, lorsqu'il m'offrit un trône,
915 Et que je refusai pour vous qui m'outragez !

HERNANI, *tombant à ses pieds.*

Oh ! laisse qu'à genoux dans tes yeux affligés
J'efface tous ces pleurs amers et pleins de charmes !
Et tu prendras après tout mon sang pour tes larmes !

DOÑA SOL, *attendrie.*

Hernani ! je vous aime et vous pardonne, et n'ai
920 Que de l'amour pour vous.

HERNANI

Elle m'a pardonné,
Et m'aime ! Qui pourra faire aussi que moi-même,
Après ce que j'ai dit, je me pardonne et m'aime ?
Oh ! je voudrais savoir, ange au ciel réservé,
Où vous avez marché, pour baiser le pavé !

DOÑA SOL

925 Ami !

HERNANI

Non ! je dois t'être odieux ! Mais, écoute,
Dis-moi : je t'aime ! — Hélas ! rassure un cœur qui doute,

Dis-le-moi ! car souvent avec ce peu de mots
La bouche d'une femme a guéri bien des maux[1] !

DOÑA SOL, *absorbée et sans l'entendre.*

Croire que mon amour eût si peu de mémoire !
930 Que jamais ils pourraient, tous ces hommes sans gloire,
Jusqu'à d'autres amours, plus nobles à leur gré,
Rapetisser un cœur où son nom est entré !

HERNANI

Hélas ! j'ai blasphémé ! si j'étais à ta place,
Doña Sol, j'en aurais assez, je serais lasse
935 De ce fou furieux, de ce sombre insensé
Qui ne sait caresser qu'après qu'il a blessé.
Je lui dirais : Va-t'en ! — Repousse-moi, repousse !
Et je te bénirai, car tu fus bonne et douce,
Car tu m'as supporté trop longtemps, car je suis
940 Mauvais, je noircirais tes jours avec mes nuits !
Car c'en est trop enfin, ton âme est belle et haute
Et pure, et si je suis méchant, est-ce ta faute ?
Épouse le vieux duc ! il est bon, noble, il a
Par sa mère Olmedo, par son père Alcala[2].
945 Encore un coup, sois riche avec lui, sois heureuse !
Moi, sais-tu ce que peut cette main généreuse
T'offrir de magnifique ? une dot de douleurs.
Tu pourras y choisir ou du sang ou des pleurs.
L'exil, les fers, la mort, l'effroi qui m'environne,
950 C'est là ton collier d'or, c'est ta belle couronne,
Et jamais à l'épouse un époux plein d'orgueil
N'offrit plus riche écrin de misère et de deuil !
Épouse le vieillard, te dis-je ! il te mérite !
Eh ! qui jamais croira que ma tête proscrite
955 Aille avec ton front pur ? qui, nous voyant tous deux,
Toi, calme et belle, moi, violent, hasardeux,
Toi, paisible et croissant comme une fleur à l'ombre,

Moi, heurté dans l'orage à des écueils sans nombre,
Qui dira que nos sorts suivent la même loi?
960 Non. Dieu qui fait tout bien ne te fit pas pour moi.
Je n'ai nul droit d'en haut sur toi, je me résigne!
J'ai ton cœur, c'est un vol! je le rends au plus digne.
Jamais à nos amours le ciel n'a consenti.
Si j'ai dit que c'était ton destin, j'ai menti!
965 D'ailleurs, vengeance, amour, adieu! mon jour s'achève.
Je m'en vais, inutile, avec mon double rêve,
Honteux de n'avoir pu ni punir, ni charmer,
Qu'on m'ait fait pour haïr, moi qui n'ai su qu'aimer!
Pardonne-moi! fuis-moi! ce sont mes deux prières.
970 Ne les rejette pas, car ce sont les dernières!
Tu vis, et je suis mort. Je ne vois pas pourquoi
Tu te ferais murer dans ma tombe avec moi!

DOÑA SOL

Ingrat!

HERNANI

Monts d'Aragon! Galice! Estramadoure! —
Oh! je porte malheur à tout ce qui m'entoure! —
975 J'ai pris vos meilleurs fils; pour mes droits, sans remords
Je les ai fait combattre, et voilà qu'ils sont morts!
C'étaient les plus vaillants de la vaillante Espagne!
Ils sont morts! ils sont tous tombés dans la montagne,
Tous sur le dos couchés, en braves, devant Dieu,
980 Et si leurs yeux s'ouvraient, ils verraient le ciel bleu!
Voilà ce que je fais de tout ce qui m'épouse!
Est-ce une destinée à te rendre jalouse?
Doña Sol, prends le duc, prends l'enfer, prends le roi!
C'est bien. Tout ce qui n'est pas moi vaut mieux que moi!
985 Je n'ai plus un ami qui de moi se souvienne,
Tout me quitte, il est temps qu'à la fin ton tour vienne,
Car je dois être seul. Fuis ma contagion.

Ne te fais pas d'aimer une religion !
Oh ! par pitié pour toi, fuis ! — Tu me crois peut-être
990 Un homme comme sont tous les autres, un être
Intelligent, qui court droit au but qu'il rêva.
Détrompe-toi. Je suis une force qui va !
Agent aveugle et sourd de mystères funèbres !
Une âme de malheur faite avec des ténèbres !
995 Où vais-je ? je ne sais. Mais je me sens poussé
D'un souffle impétueux, d'un destin insensé.
Je descends, je descends, et jamais ne m'arrête.
Si parfois, haletant, j'ose tourner la tête,
Une voix me dit : Marche ! et l'abîme est profond,
1000 Et de flamme ou de sang je le vois rouge au fond !
Cependant, à l'entour de ma course farouche,
Tout se brise, tout meurt. Malheur à qui me touche !
Oh ! fuis ! détourne-toi de mon chemin fatal.
Hélas ! sans le vouloir, je te ferais du mal !

DOÑA SOL

1005 Grand Dieu !

HERNANI

C'est un démon redoutable, te dis-je,
Que le mien. Mon bonheur, voilà le seul prodige
Qui lui soit impossible. Et toi, c'est le bonheur !
Tu n'es donc pas pour moi, cherche un autre seigneur !
Va, si jamais le ciel à mon sort qu'il renie
1010 Souriait... n'y crois pas ! ce serait ironie.
Épouse le duc !

DOÑA SOL

Donc ce n'était pas assez !
Vous aviez déchiré mon cœur, vous le brisez[1].
Ah ! vous ne m'aimez plus !

HERNANI

Oh! mon cœur et mon âme,
C'est toi! l'ardent foyer d'où me vient toute flamme,
1015 C'est toi! ne m'en veux pas de fuir, être adoré!

DOÑA SOL

Je ne vous en veux pas. Seulement, j'en mourrai.

HERNANI

Mourir! pour qui? pour moi? se peut-il que tu meures
Pour si peu?

DOÑA SOL, *laissant éclater ses larmes.*

Voilà tout[1].

Elle tombe sur un fauteuil.

HERNANI, *s'asseyant près d'elle.*

Oh! tu pleures! tu pleures!
Et c'est encor ma faute! Et qui me punira?
1020 Car tu pardonneras encor! Qui te dira
Ce que je souffre au moins, lorsqu'une larme noie
La flamme de tes yeux dont l'éclair est ma joie?
Oh! mes amis sont morts! oh! je suis insensé!
Pardonne. Je voudrais aimer, je ne le sai!
1025 Hélas! j'aime pourtant d'une amour bien profonde! —
Ne pleure pas, mourons plutôt! — Que n'ai-je un
[monde?
Je te le donnerais! Je suis bien malheureux!

DOÑA SOL, *se jetant à son cou.*

Vous êtes mon lion superbe et généreux[2]!
Je vous aime.

HERNANI

Oh! l'amour serait un bien suprême
1030 Si l'on pouvait mourir de trop aimer!

DOÑA SOL

Je t'aime!
Monseigneur! Je vous aime et je suis toute à vous.

HERNANI, *laissant tomber sa tête sur son épaule.*

Oh! qu'un coup de poignard de toi me serait doux!

DOÑA SOL, *suppliante.*

Ah! ne craignez-vous pas que Dieu ne vous punisse
De parler de la sorte?

HERNANI, *toujours appuyé sur son sein.*

Eh bien! qu'il nous unisse!
1035 Tu le veux. Qu'il en soit ainsi! — J'ai résisté.

*Tous deux, dans les bras l'un de l'autre, se regardent avec
extase, sans voir, sans entendre et comme absorbés dans leur
regard. — Entre don Ruy Gomez par la porte du fond. Il
regarde, et s'arrête comme pétrifié sur le seuil.*

SCÈNE CINQUIÈME

HERNANI, DOÑA SOL,
DON RUY GOMEZ, *puis* UN PAGE

DON RUY GOMEZ, *immobile et croisant les bras
sur le seuil de la porte.*

Voilà donc le paîment de l'hospitalité!

DOÑA SOL

Dieu! le duc!

Tous deux se retournent comme réveillés en sursaut.

DON RUY GOMEZ, *toujours immobile.*

      C'est donc là mon salaire, mon hôte?
— Bon seigneur, va-t'en voir si ta muraille est haute,
Si la porte est bien close et l'archer dans sa tour,
1040 De ton château pour nous fais et refais le tour,
Cherche en ton arsenal une armure à ta taille,
Ressaie à soixante ans ton harnais de bataille,
Voici la loyauté dont nous paierons ta foi!
Tu fais cela pour nous, et nous ceci pour toi!
1045 Saints du ciel! — J'ai vécu plus de soixante années,
J'ai rencontré parfois des âmes effrénées,
J'ai souvent, en tirant ma dague du fourreau,
Fait lever sur mes pas des gibiers de bourreau;
J'ai vu des assassins, des monnayeurs, des traîtres;
1050 De faux valets, à table empoisonnant leurs maîtres;
J'en ai vu qui mouraient sans croix et sans pater;
J'ai vu Sforce[1], j'ai vu Borgia, je vois Luther;
Mais je n'ai jamais vu perversité si haute
Qui n'eût craint le tonnerre en trahissant son hôte!
1055 Ce n'est pas de mon temps. — Si noire trahison
Pétrifie un vieillard au seuil de sa maison,
Et fait que le vieux maître, en attendant qu'il tombe,
A l'air d'une statue à mettre sur sa tombe!
Maures et Castillans! quel est cet homme-ci?

Il lève les yeux et les promène sur les portraits qui entourent la salle.

1060 Ô vous! tous les Silva, qui m'écoutez ici,
Pardon, si devant vous, pardon, si ma colère
Dit l'hospitalité mauvaise conseillère!

HERNANI, *se levant.*

Duc...

DON RUY GOMEZ

Tais-toi ! —

Il fait lentement trois pas dans la salle, et promène ses
regards sur les portraits des Silva.

Morts sacrés ! aïeux ! hommes de fer !
Qui voyez ce qui vient du ciel et de l'enfer,
1065 Dites-moi, messeigneurs, dites ! quel est cet homme ?
Ce n'est pas Hernani, c'est Judas qu'on le nomme !
Oh ! tâchez de parler pour me dire son nom !

Croisant les bras.

Avez-vous de vos jours vu rien de pareil ? Non !

HERNANI

Seigneur duc...

DON RUY GOMEZ, *toujours aux portraits.*

Voyez-vous ? il veut parler, l'infâme !
1070 Mais, mieux encor que moi, vous lisez dans son âme.
Oh ! ne l'écoutez pas ! c'est un fourbe ! il prévoit
Que mon bras va sans doute ensanglanter mon toit,
Que peut-être mon cœur couve dans ses tempêtes
Quelque vengeance, sœur du festin des Sept Têtes[1].
1075 Il vous dira qu'il est proscrit, il vous dira
Qu'on va dire Silva comme l'on dit Lara,
Et puis qu'il est mon hôte, et puis qu'il est votre hôte. —
Mes aïeux, messeigneurs, voyez, est-ce ma faute ?
Jugez entre nous deux[2] !

HERNANI

Ruy Gomez de Silva,
1080 Si jamais vers le ciel noble front s'éleva,

Si jamais cœur fut grand, si jamais âme haute,
C'est la vôtre, seigneur! c'est la tienne, ô mon hôte!
Moi qui te parle ici, je suis coupable, et n'ai
Rien à dire, sinon que je suis bien damné.
1085 Oui, j'ai voulu te prendre et t'enlever ta femme;
Oui, j'ai voulu souiller ton lit; oui, c'est infâme!
J'ai du sang: tu feras très bien de le verser,
D'essuyer ton épée et de n'y plus penser!

DOÑA SOL

Seigneur, ce n'est pas lui! ne frappez que moi-même!

HERNANI

1090 Taisez-vous, doña Sol. Car cette heure est suprême!
Cette heure m'appartient. Je n'ai plus qu'elle. Ainsi
Laissez-moi m'expliquer avec le duc ici.
Duc! — crois aux derniers mots de ma bouche, j'en jure,
Je suis coupable, mais sois tranquille, — elle est pure!
1095 C'est là tout. Moi coupable, elle pure; ta foi
Pour elle, — un coup d'épée ou de poignard pour moi.
Voilà. — Puis fais jeter le cadavre à la porte
Et laver le plancher, si tu veux, il n'importe!

DOÑA SOL

Ah! moi seule ai tout fait. Car je l'aime.

> *Don Ruy se détourne à ce mot en tressaillant, et fixe sur
> doña Sol un regard terrible. Elle se jette à ses genoux.*

Oui, pardon!
1100 Je l'aime, monseigneur!

DON RUY GOMEZ

Vous l'aimez!

À Hernani.
Tremble donc!

Bruit de trompettes au-dehors. — Entre le page. Au page.

Qu'est ce bruit?

LE PAGE

C'est le roi, monseigneur, en personne,
Avec un gros d'archers et son héraut qui sonne.

DOÑA SOL

Dieu! le roi! dernier coup!

LE PAGE, *au duc.*

Il demande pourquoi
La porte est close, et veut qu'on ouvre.

DON RUY GOMEZ

Ouvrez au roi

Le page s'incline et sort.

DOÑA SOL

1105 Il est perdu.

Don Ruy Gomez va à l'un des tableaux, qui est son propre portrait et le dernier à gauche; il presse un ressort, le portrait s'ouvre comme une porte et laisse voir une cachette pratiquée dans le mur. — Il se tourne vers Hernani.

DON RUY GOMEZ

Monsieur, venez ici.

HERNANI

Ma tête
Est à toi. Livre-la, seigneur. Je la tiens prête.
Je suis ton prisonnier.

Il entre dans la cachette. Don Ruy presse de nouveau le ressort, tout se referme, et le portrait revient à sa place.

DOÑA SOL, *au duc.*

Seigneur, pitié pour lui!

LE PAGE, *entrant.*

Son altesse le roi!

Doña Sol baisse précipitamment son voile. — La porte s'ouvre à deux battants. Entre don Carlos en habit de guerre, suivi d'une foule de gentilshommes également armés, de pertuisaniers, d'arquebusiers, d'arbalétriers.

SCÈNE SIXIÈME

DON RUY GOMEZ, DOÑA SOL, *voilée,*
DON CARLOS, *suite.*

Don Carlos s'avance à pas lents, la main gauche sur le pommeau de son épée, la droite dans sa poitrine, et fixe sur le vieux duc un œil de défiance et de colère. Le duc va au-devant du roi et le salue profondément. — Silence. — Attente et terreur à l'entour. Enfin le roi, arrivé en face du duc, lève brusquement la tête.

DON CARLOS

D'où vient donc aujourd'hui,
Mon cousin, que ta porte est si bien verrouillée?
1110 Par les saints! je croyais ta dague plus rouillée!
Et je ne savais pas qu'elle eût hâte à ce point,
Quand nous te venons voir, de reluire à ton poing!

Don Ruy Gomez veut parler, le roi poursuit avec un geste impérieux.

C'est s'y prendre un peu tard pour faire le jeune homme!
Avons-nous des turbans? serait-ce qu'on me nomme

1115 Boabdil ou Mahom[1], et non Carlos, répond!
Pour nous baisser la herse et nous lever le pont?

DON RUY GOMEZ, *s'inclinant.*

Seigneur...

DON CARLOS, *a ses gentilshommes.*

Prenez les clefs, saisissez-vous des portes!

*Deux officiers sortent. Plusieurs autres rangent les
soldats en triple haie dans la salle, du roi à la grande porte.
Don Carlos se retourne vers le duc.*

Ah! vous réveillez donc les rébellions mortes!
Pardieu, si vous prenez de ces airs avec moi,
1120 Messieurs les ducs, le roi prendra des airs de roi!
Et j'irai par les monts, de mes mains aguerries,
Dans leurs nids crénelés tuer les seigneuries!

DON RUY GOMEZ, *se redressant.*

Altesse, les Silva sont loyaux...

DON CARLOS, *l'interrompant.*

Sans détours,
Réponds, duc! ou je fais raser tes onze tours!
1125 De l'incendie éteint il reste une étincelle,
Des bandits morts il reste un chef. — Qui le recèle?
C'est toi! Ce Hernani, rebelle empoisonneur,
Ici, dans ton château, tu le caches!

DON RUY GOMEZ

Seigneur,
C'est vrai.

DON CARLOS

Fort bien. Je veux sa tête — ou bien la tienne,
1130 Entends-tu, mon cousin?

DON RUY GOMEZ, *s'inclinant.*

Mais qu'à cela ne tienne!...
Vous serez satisfait.

Doña Sol cache sa tête dans ses mains et tombe sur le
fauteuil.

DON CARLOS, *radouci.*

Ah! tu t'amendes! — Va
Chercher mon prisonnier.

Le duc croise les bras, baisse la tête et reste quelques
moments rêveur. Le roi et doña Sol l'observent en silence et
agités d'émotions contraires. Enfin le duc relève son front,
va au roi, lui prend la main et le mène à pas lents devant le
plus ancien des portraits, celui qui commence la galerie à
droite du spectateur[1].

DON RUY GOMEZ, *montrant au roi le vieux portrait.*

Celui-ci, des Silva
C'est l'aîné, c'est l'aïeul, l'ancêtre, le grand homme!
Don Silvius, qui fut trois fois consul de Rome.

Passant au portrait suivant.

1135 Voici don Galceran de Silva, l'autre Cid!
On lui garde à Toro, près de Valladolid,
Une châsse dorée où brûlent mille cierges.
Il affranchit Léon du tribut des cent vierges!

Passant à un autre.

— Don Blas, — qui, de lui-même et dans sa bonne foi,
1140 S'exila pour avoir mal conseillé le roi.

À un autre

— Christoval! — Au combat d'Escalona, don Sanche,
Le roi, fuyait à pied, et sur sa plume blanche

Tous les coups s'acharnaient ; il cria : Christoval !
Christoval prit la plume et donna son cheval.

À un autre.

1145 — Don Jorge, — qui paya la rançon de Ramire,
Roi d'Aragon.

DON CARLOS, *croisant les bras et le regardant*
de la tête aux pieds.

Pardieu ! don Ruy, je vous admire !
Continuez[1] !

DON RUY GOMEZ, *passant à un autre.*

Voici Ruy Gomez de Silva,
Grand maître de Saint-Jacque et de Calatrava.
Son armure géante irait mal à nos tailles ;
1150 Il prit trois cents drapeaux, gagna trente batailles,
Conquit au roi Motril, Antequera, Suez,
Nijar, et mourut pauvre. — Altesse, saluez !

Il s'incline, se découvre et passe à un autre. — Le roi
l'écoute avec une impatience et une colère toujours crois-
santes.

Près de lui, Gil, son fils, cher aux âmes loyales.
Sa main pour un serment valait les mains royales.

À un autre.

1155 — Don Gaspar, de Mendoce et de Silva l'honneur !
Toute noble maison tient à Silva, seigneur.
Sandoval tour à tour nous craint ou nous épouse.
Manrique nous envie et Lara nous jalouse.
Alencastre nous hait. Nous touchons à la fois
1160 Du pied à tous les ducs, du front à tous les rois !

DON CARLOS

Vous raillez-vous ?...

DON RUY GOMEZ, *allant à d'autres portraits.*

Voilà don Vasquez, dit le Sage;
Don Jayme, dit le Fort. Un jour, sur son passage,
Il arrêta Zamet et cent Maures tout seul. —
J'en passe, et des meilleurs. —

*Sur un geste de colère du roi, il passe un grand nombre de
tableaux, et vient tout de suite aux trois derniers portraits à
gauche du spectateur.*

Voici mon noble aïeul.
·165 Il vécut soixante ans, gardant la foi jurée,
Même aux juifs. —

À l'avant-dernier.

Ce vieillard, cette tête sacrée,
C'est mon père. Il fut grand, quoiqu'il vînt le dernier.
Les Maures de Grenade avaient fait prisonnier
Le comte Alvar Giron, son ami. Mais mon père
1170 Prit pour l'aller chercher six cents hommes de guerre;
Il fit tailler en pierre un comte Alvar Giron
Qu'à sa suite il traîna, jurant par son patron
De ne point reculer que le comte de pierre
Ne tournât front lui-même et n'allât en arrière.
1175 Il combattit, puis vint au comte et le sauva.

DON CARLOS

Mon prisonnier!

DON RUY GOMEZ

C'était un Gomez de Silva!
Voilà donc ce qu'on dit quand dans cette demeure
On voit tous ces héros.

DON CARLOS

Mon prisonnier sur l'heure!

DON RUY GOMEZ

Il s'incline profondément devant le roi, lui prend la main et le mène devant le dernier portrait, celui qui sert de porte à la cachette où il a fait entrer Hernani. Doña Sol le suit des yeux avec anxiété. — Attente et silence dans l'assistance.

Ce portrait, c'est le mien. — Roi don Carlos, merci ! —
1180 Car vous voulez qu'on dise en le voyant ici :
« Ce dernier, digne fils d'une race si haute
Fut un traître et vendit la tête de son hôte ! »

Joie de doña Sol. Mouvement de stupeur dans les assistants. — Le roi déconcerté s'éloigne avec colère, puis reste quelques instants silencieux, les lèvres tremblantes et l'œil enflammé.

DON CARLOS

Duc, ton château me gêne et je le mettrai bas !

DON RUY GOMEZ

Car vous me la paîrez, altesse, n'est-ce pas ?

DON CARLOS

1185 Duc, j'en ferai raser les tours pour tant d'audace,
Et je ferai semer du chanvre sur la place !

DON RUY GOMEZ

Mieux voir croître du chanvre où ma tour s'éleva
Qu'une tache ronger le vieux nom de Silva.

Aux portraits.

N'est-il pas vrai, vous tous ?

DON CARLOS

Duc, cette tête est nôtre,
1190 Et tu m'avais promis...

DON RUY GOMEZ

J'ai promis l'une ou l'autre.

Aux portraits.

N'est-il pas vrai, vous tous?

Montrant sa tête.

Je donne celle-ci.

Au roi.

Prenez-la.

DON CARLOS

Duc, fort bien. Mais j'y perds, grand merci!
La tête qu'il me faut est jeune, il faut que morte
On la prenne aux cheveux. La tienne? que m'importe!
1195 Le bourreau la prendrait par les cheveux en vain.
Tu n'en as pas assez pour lui remplir la main!

DON RUY GOMEZ

Altesse, pas d'affront! Ma tête encore est belle,
Et vaut bien, que je crois, la tête d'un rebelle.
La tête d'un Silva, vous êtes dégoûté[1]!

DON CARLOS

1200 Livre-nous Hernani!

DON RUY GOMEZ

Seigneur, en vérité,
J'ai dit.

DON CARLOS, *à sa suite.*

Fouillez partout! et qu'il ne soit point d'aile,
De cave, ni de tour...

DON RUY GOMEZ

       Mon donjon est fidèle
Comme moi. Seul il sait le secret avec moi.
Nous le garderons bien tous deux !

DON CARLOS

              Je suis le roi !

DON RUY GOMEZ

1205 Hors que de mon château, démoli pierre à pierre,
On ne fasse ma tombe, on n'aura rien.

DON CARLOS

            Prière,
Menace, tout est vain ! — Livre-moi le bandit,
Duc, ou, tête et château, j'abattrai tout !

DON RUY GOMEZ

           J'ai dit.

DON CARLOS

Eh bien donc ! au lieu d'une alors j'aurai deux têtes.

Au duc d'Alcala.

1210 Jorge ! arrêtez le duc !

DOÑA SOL, *arrachant son voile et se jetant entre le roi,*
le duc et les gardes.

       Roi don Carlos, vous êtes
Un mauvais roi !

DON CARLOS

     Grand Dieu ! que vois-je ? Doña Sol !

DOÑA SOL

Altesse, tu n'as pas le cœur d'un Espagnol !

DON CARLOS, *troublé.*

Madame, pour le roi vous êtes bien sévère.

Il s'approche de doña Sol.
Bas.

C'est vous qui m'avez mis au cœur cette colère !
1215 Un homme devient ange ou monstre en vous touchant.
Ah ! quand on est haï, que vite on est méchant !
Si vous aviez voulu, peut-être, ô jeune fille,
J'étais grand, j'eusse été le lion de Castille ;
Vous m'en faites le tigre avec votre courroux.
1220 Le voilà qui rugit, madame ! taisez-vous !

Doña Sol lui jette un regard. Il s'incline.

Pourtant, j'obéirai.

Se tournant vers le duc.

Mon cousin, je t'estime.
Ton scrupule après tout peut sembler légitime.
Sois fidèle à ton hôte, infidèle à ton roi,
C'est bien. — Je te fais grâce et suis meilleur que toi.
1225 J'emmène seulement ta nièce comme otage.

DON RUY GOMEZ

Seulement !

DOÑA SOL, *interdite.*

Moi, seigneur !

DON CARLOS

Oui, vous !

DON RUY GOMEZ

Pas davantage !
Oh ! la grande clémence ! ô généreux vainqueur

Qui ménage la tête et torture le cœur !
Belle grâce !

DON CARLOS

Choisis. — Doña Sol ou le traître.
1230 Il me faut l'un des deux.

DON RUY GOMEZ

Oh ! vous êtes le maître !

Don Carlos s'approche de doña Sol pour l'emmener.
Elle se réfugie vers don Ruy Gomez.

DOÑA SOL

Sauvez-moi, monseigneur !...

Elle s'arrête. — À part.

Malheureuse ! il le faut !
La tête de mon oncle ou l'autre !. — moi plutôt !

Au roi.

Je vous suis !

DON CARLOS, *à part.*

Par les saints, l'idée est triomphante !
Il faudra bien enfin s'adoucir, mon infante !

Doña Sol va d'un pas grave et assuré au coffret qui
renferme l'écrin, l'ouvre et y prend le poignard, qu'elle cache
dans son sein. Don Carlos vient à elle et lui présente la
main.

DON CARLOS, *à doña Sol.*

1235 Qu'emportez-vous là ?

DOÑA SOL

Rien.

DON CARLOS

Un joyau précieux?

DOÑA SOL

Oui.

DON CARLOS, *souriant.*

Voyons.

DOÑA SOL

Vous verrez.

*Elle lui donne la main et se dispose à le suivre. — Don
Ruy Gomez, qui est resté immobile et profondément absorbé
dans sa pensée, se retourne et fait quelques pas en criant.*

DON RUY GOMEZ

Doña Sol! terre et cieux!
Doña Sol! — Puisque l'homme ici n'a point d'entrailles,
À mon aide, croulez, armures et murailles!

Il court au roi.

Laisse-moi mon enfant! je n'ai qu'elle, ô mon roi!

DON CARLOS, *lâchant la main de doña Sol.*

1240 Alors, mon prisonnier!

*Le duc baisse la tête et semble en proie à une horrible
hésitation, puis il se relève et regarde les portraits en
joignant les mains vers eux.*

DON RUY GOMEZ

Ayez pitié de moi,
Vous tous! —

*Il fait un pas vers la cachette ; doña Sol le suit des yeux
avec anxiété. Il se retourne vers les portraits.*

Oh! voilez-vous! votre regard m'arrête!

Il s'avance en chancelant jusqu'à son portrait, puis se retourne encore vers le roi.

Tu le veux?

DON CARLOS

Oui.

Le duc lève en tremblant la main vers le ressort.

DOÑA SOL

Dieu!

DON RUY GOMEZ

Non!

Il se jette aux genoux du roi.

Par pitié, prends ma tête!

DON CARLOS

Ta nièce!

DON RUY GOMEZ, *se relevant.*

Prends-la donc! et laisse-moi l'honneur!

DON CARLOS, *saisissant la main de doña Sol tremblante.*

Adieu, duc.

DON RUY GOMEZ

Au revoir. —

Il suit de l'œil le roi, qui se retire lentement avec doña Sol, puis il met la main sur son poignard.

Dieu vous garde, seigneur!

Il revient sur le devant du théâtre, haletant, immobile, sans plus rien voir ni entendre, l'œil fixe, les bras croisés sur

*sa poitrine, qui les soulève comme par des mouvements
convulsifs. Cependant, le roi sort avec doña Sol, et toute la
suite de seigneurs sort après lui, deux à deux, gravement et
chacun à son rang. Ils se parlent à voix basse entre eux.*

DON RUY GOMEZ, *à part.*

1245 Roi, pendant que tu sors joyeux de ma demeure,
Ma vieille loyauté sort de mon cœur qui pleure !

*Il lève les yeux, les promène autour de lui et voit qu'il est
seul. Il court à la muraille, détache deux épées d'une
panoplie, les mesure toutes deux, puis les dépose sur une
table. Cela fait, il va au portrait, pousse le ressort, la porte
cachée se rouvre.*

SCÈNE SEPTIÈME

DON RUY GOMEZ, HERNANI

DON RUY GOMEZ

Sors.

*Hernani paraît à la porte de la cachette. Don Ruy lui
montre les deux épées sur la table.*

— Choisis. — Don Carlos est hors de la maison.
Il s'agit maintenant de me rendre raison.
Choisis ! — et faisons vite. — Allons donc ! ta main
[tremble !

HERNANI

1250 Un duel ! nous ne pouvons, vieillard, combattre
[ensemble !

DON RUY GOMEZ

Pourquoi donc? As-tu peur? n'es-tu point noble? enfer!
Noble ou non! pour croiser le fer avec le fer,
Tout homme qui m'outrage est assez gentilhomme!

HERNANI

Vieillard...

DON RUY GOMEZ

Viens me tuer ou viens mourir, jeune homme!

HERNANI

1255 Mourir, oui. — Vous m'avez sauvé malgré mes vœux.
Donc ma vie est à vous. Reprenez-la.

DON RUY GOMEZ

Tu veux?

Aux portraits.

Vous voyez qu'il le veut.

À Hernani.

C'est bon. Fais ta prière.

HERNANI

Oh! c'est à toi, seigneur, que je fais la dernière!

DON RUY GOMEZ

Parle à l'autre seigneur!

HERNANI

Non, non, à toi! — Vieillard,
1260 Frappe-moi. Tout m'est bon, dague, épée ou poignard!
Mais fais-moi, par pitié, cette suprême joie!
Duc! avant de mourir, permets que je la voie!

DON RUY GOMEZ

La voir!

HERNANI

Au moins permets que j'entende sa voix
Une dernière fois! rien qu'une seule fois!

DON RUY GOMEZ

1265 L'entendre!

HERNANI

Oh! je comprends, seigneur, ta jalousie
Mais déjà par la mort ma jeunesse est saisie,
Pardonne-moi. Veux-tu, dis-moi, que, sans la voir,
S'il le faut, je l'entende? et je mourrai ce soir.
L'entendre seulement! contente mon envie!
1270 Mais, oh! qu'avec douceur j'exhalerais ma vie
Si tu daignais vouloir qu'avant de fuir aux cieux
Mon âme allât revoir la sienne dans ses yeux!
— Je ne lui dirai rien, tu seras là, mon père!
Tu me prendras après!

DON RUY GOMEZ, *montrant la cachette encore ouverte.*

Saints du ciel! ce repaire
1275 Est-il donc si profond, si sourd et si perdu,
Qu'il n'ait entendu rien?

HERNANI

Je n'ai rien entendu.

DON RUY GOMEZ

Il a fallu livrer doña Sol ou toi-même.

HERNANI

À qui, livrée?

DON RUY GOMEZ

Au roi.

HERNANI

Vieillard stupide[1]! il l'aime!

DON RUY GOMEZ

Il l'aime!

HERNANI

Il nous l'enlève! il est notre rival!

DON RUY GOMEZ

1280 Ô malédiction! — Mes vassaux! à cheval!
À cheval! poursuivons le ravisseur!

HERNANI

Écoute,
La vengeance au pied sûr fait moins de bruit en route.
Je t'appartiens. Tu peux me tuer. Mais veux-tu
M'employer à venger ta nièce et sa vertu?
1285 Ma part dans ta vengeance! oh! fais-moi cette grâce!
Et s'il faut embrasser tes pieds, je les embrasse!
Suivons le roi tous deux. Viens; je serai ton bras,
Je te vengerai, duc. — Après, tu me tueras.

DON RUY GOMEZ

Alors, comme aujourd'hui, te laisseras-tu faire?

HERNANI

1290 Oui, duc.

DON RUY GOMEZ

Qu'en jures-tu?

HERNANI

La tête de mon père.

DON RUY GOMEZ

Voudras-tu de toi-même un jour t'en souvenir?

HERNANI, *lui présentant le cor qu'il ôte de sa ceinture.*

Écoute, prends ce cor. Quoi qu'il puisse advenir,
Quand tu voudras, seigneur, quel que soit le lieu, l'heure,
S'il te passe à l'esprit qu'il est temps que je meure,
1295 Viens, sonne de ce cor, et ne prends d'autres soins ;
Tout sera fait.

DON RUY GOMEZ, *lui tendant la main.*

Ta main?

Ils se serrent la main. — Aux portraits.

Vous tous, soyez témoins.

IV

LE TOMBEAU

ACTE IV

*Les caveaux qui renferment le tombeau de Charlemagne,
à Aix-la-Chapelle. De grandes voûtes d'architecture lom-
barde. Gros piliers bas, pleins-cintres, chapiteaux d'oiseaux
et de fleurs. — À droite, le tombeau de Charlemagne, avec
une petite porte de bronze, basse et cintrée. Une seule lampe
suspendue à une clef de voûte en éclaire l'inscription :
KAROLVS MAGNVS. — Il est nuit. On ne voit pas le fond
du souterrain ; l'œil se perd dans les arcades, les escaliers et
les piliers qui s'entrecroisent dans l'ombre.*

SCÈNE PREMIÈRE

DON CARLOS, DON RICARDO DE ROXAS,
*comte de Casapalma, une lanterne à la main. Grands manteaux,
chapeaux rabattus.*

DON RICARDO, *son chapeau à la main.*

C'est ici.

DON CARLOS

C'est ici que la ligue s'assemble !
Que je vais dans ma main les tenir tous ensemble !
— Ha ! monsieur l'électeur de Trèves, c'est ici !

1300 Vous leur prêtez ce lieu! Certe, il est bien choisi!
Un noir complot prospère à l'air des catacombes.
Il est bon d'aiguiser les stylets sur des tombes.
Pourtant c'est jouer gros. La tête est de l'enjeu,
Messieurs les assassins! et nous verrons. — Pardieu!
1305 Ils font bien de choisir pour une telle affaire
Un sépulcre; — ils auront moins de chemin à faire.

À don Ricardo.

Ces caveaux sous le sol s'étendent-ils bien loin?

DON RICARDO

Jusques au château-fort.

DON CARLOS

C'est plus qu'il n'est besoin.

DON RICARDO

D'autres, de ce côté, vont jusqu'au monastère
1310 D'Altenheim...

DON CARLOS

Où Rodolphe extermina Lothaire.
Bien. — Une fois encor, comte, redites-moi
Les noms et les griefs, où, comment et pourquoi.

DON RICARDO

Gotha.

DON CARLOS

Je sais pourquoi le brave duc conspire.
Il veut un Allemand d'Allemagne à l'Empire.

DON RICARDO

1315 Hohenbourg.

DON CARLOS

Hohenbourg aimerait mieux, je croi,
L'enfer avec François que le ciel avec moi.

DON RICARDO

Don Gil Tellez Giron.

DON CARLOS

Castille et Notre-Dame !
Il se révolte donc contre son roi, l'infâme !

DON RICARDO

On dit qu'il vous trouva chez madame Giron
1320 Un soir que vous veniez de le faire baron.
Il veut venger l'honneur de sa tendre compagne.

DON CARLOS

C'est donc qu'il se révolte alors contre l'Espagne.
Qui nomme-t-on encore ?

DON RICARDO

On cite avec ceux-là
Le révérend Vasquez, évêque d'Avila.

DON CARLOS

1325 Est-ce aussi pour venger la vertu de sa femme ?

DON RICARDO

Puis Guzman de Lara, mécontent, qui réclame
Le collier de votre ordre.

DON CARLOS

Ah ! Guzman de Lara !
Si ce n'est qu'un collier qu'il lui faut, il l'aura.

DON RICARDO

Le duc de Lutzelbourg. — Quant aux plans qu'on lui
[prête...

DON CARLOS

1330 Le duc de Lutzelbourg est trop grand de la tête.

DON RICARDO

Juan de Haro, qui veut Astorga.

DON CARLOS

Ces Haro
Ont toujours fait doubler la solde du bourreau

DON RICARDO

C'est tout.

DON CARLOS

Ce ne sont pas toutes mes têtes. Comte,
Cela ne fait que sept et je n'ai pas mon compte.

DON RICARDO

1335 Ah! je ne nomme pas quelques bandits gagés
Par Trève ou par la France...

DON CARLOS

Hommes sans préjugés
Dont le poignard, toujours prêt à jouer son rôle,
Tourne aux plus gros écus, comme l'aiguille au pôle!

DON RICARDO

Pourtant j'ai distingué deux hardis compagnons,
1340 Tous deux nouveaux venus, un jeune, un vieux...

DON CARLOS

Leurs noms?

Don Ricardo lève les épaules en signe d'ignorance.

Leur âge?

DON RICARDO

Le plus jeune a vingt ans.

DON CARLOS

C'est dommage.

DON RICARDO

Le vieux, soixante au moins.

DON CARLOS

L'un n'a pas encor l'âge
Et l'autre ne l'a plus. Tant pis. J'en prendrai soin.
Le bourreau peut compter sur mon aide au besoin.
1345 Ah! loin que mon épée aux factions soit douce,
Je la lui prêterai si sa hache s'émousse,
Comte! et pour l'élargir, je coudrai, s'il le faut,
Ma pourpre impériale au drap de l'échafaud.
— Mais serai-je empereur seulement? —

DON RICARDO

Le collège [1],

1350 À cette heure assemblé, délibère.

DON CARLOS

Que sais-je?
Ils nommeront François Premier, ou leur Saxon,
Leur Frédéric-le-Sage!... Oh! Luther a raison,
Tout va mal! — Beaux faiseurs de majestés sacrées!
N'acceptant pour raisons que les raisons dorées!

1355 Un Saxon hérétique ! un comte Palatin
     Imbécile ! un primat de Trèves libertin !
     — Quant au roi de Bohême, il est pour moi. — Des
                                              [princes
     De Hesse, plus petits encor que leurs provinces !
     De jeunes idiots ! des vieillards débauchés !
1360 Des couronnes, fort bien ! mais des têtes ?... cherchez !
     Des nains ! que je pourrais, concile ridicule,
     Dans ma peau de lion emporter comme Hercule !
     Et qui, démaillotés du manteau violet,
     Auraient la tête encor de moins que Triboulet !
1365 — Il me manque trois voix, Ricardo ! tout me
                                              [manque ! —
     Oh ! je donnerais Gand, Tolède et Salamanque,
     Mon ami Ricardo, trois villes à leur choix,
     Pour trois voix, s'ils voulaient ! Vois-tu, pour ces trois
                                              [voix,
     Oui, trois de mes cités de Castille ou de Flandre,
1370 Je les donnerais ! — sauf, plus tard, à les reprendre !

          Don Ricardo salue profondément le roi, et met son
          chapeau sur sa tête.

     — Vous vous couvrez ?

                    DON RICARDO

                         Seigneur, vous m'avez tutoyé,

                                        Saluant de nouveau.

     Me voilà grand d'Espagne.

                    DON CARLOS, *à part.*

                              Ah ! tu me fais pitié !
     Ambitieux de rien ! — Engeance intéressée !
     Comme à travers la nôtre ils suivent leur pensée !
1375 Basse-cour où le roi, mendié sans pudeur,
     À tous ces affamés émiette la grandeur[1] !

Rêvant.

Dieu seul et l'empereur sont grands ! — et le Saint-
[Père !
Le reste !... rois et ducs ! qu'est cela ?

DON RICARDO

Moi, j'espère
Qu'ils prendront votre altesse.

DON CARLOS, *à part.*

Altesse ! altesse, moi !
1380 J'ai du malheur en tout. — S'il fallait rester roi !

DON RICARDO, *à part.*

Baste ! empereur ou non, me voilà grand d'Espagne.

DON CARLOS

Sitôt qu'ils auront fait l'empereur d'Allemagne,
Quel signal à la ville annoncera son nom ?

DON RICARDO

Si c'est le duc de Saxe, un seul coup de canon.
1385 Deux si c'est le Français, trois si c'est votre altesse.

DON CARLOS

Et cette doña Sol !... Tout m'irrite et me blesse !
Comte, si je suis fait empereur, par hasard,
Cours la chercher. — Peut-être on voudra d'un
[César !...

DON RICARDO, *souriant.*

Votre altesse est bien bonne !

DON CARLOS, *l'interrompant avec hauteur.*

Ha! là-dessus, silence!

1390 Je n'ai point dit encor ce que je veux qu'on pense.
— Quand saura-t-on le nom de l'élu?

DON RICARDO

Mais, je crois,

Dans une heure, au plus tard.

DON CARLOS

Oh! trois voix! rien que trois!

— Mais écrasons d'abord ce ramas qui conspire,
Et nous verrons après à qui sera l'empire.

Il compte sur ses doigts et frappe du pied.

1395 Toujours trois voix de moins! — Ah! ce sont eux qui
[l'ont!

— Ce Corneille Agrippa pourtant en sait bien long!
Dans l'océan céleste il a vu treize étoiles
Vers la mienne, du nord, venir à pleines voiles. —
J'aurai l'empire! allons. — Mais d'autre part on dit
1400 Que l'abbé Jean Tritême à François l'a prédit.
— J'aurais dû, pour mieux voir ma fortune éclaircie,
Avec quelque armement aider la prophétie!
Toutes prédictions du sorcier le plus fin
Viennent bien mieux à terme et font meilleure fin
1405 Quand une bonne armée, avec canons et piques,
Gens de pied, de cheval, fanfares et musiques,
Prête à montrer la route au sort qui veut broncher,
Leur sert de sage-femme et les fait accoucher.
Lequel vaut mieux, Corneille Agrippa? Jean Tritême?
1410 Celui dont une armée explique le système,
Qui met un fer de lance au bout de ce qu'il dit,
Et compte maint soudard, lansquenet ou bandit
Dont l'estoc, refaisant la fortune imparfaite,

Taille l'événement au plaisir du prophète.

1415 — Pauvres fous ! qui, l'œil fier, le front haut, visent droit
À l'empire du monde et disent : J'ai mon droit !
Ils ont force canons, rangés en longues files,
Dont le souffle embrasé ferait fondre des villes ;
Ils ont vaisseaux, soldats, chevaux, et vous croyez
1420 Qu'ils vont marcher au but sur les peuples broyés...
Baste ! au grand carrefour de la fortune humaine
Qui mieux encor qu'au trône à l'abîme nous mène,
À peine ils font trois pas, qu'indécis, incertains,
Tâchant en vain de lire au livre des destins,
1425 Ils hésitent, peu sûrs d'eux-même, et dans le doute
Au nécroman du coin vont demander leur route[1] !

À don Ricardo

— Va-t'en. C'est l'heure où vont venir les conjurés.
Ah ! la clef du tombeau !

DON RICARDO, *remettant une clef au roi.*

Seigneur, vous songerez
Au comte de Limbourg, gardien capitulaire,
1430 Qui me l'a confiée et fait tout pour vous plaire.

DON CARLOS, *le congédiant.*

Fais tout ce que j'ai dit ! tout !

DON RICARDO, *s'inclinant.*

J'y vais de ce pas,
Altesse !

DON CARLOS

Il faut trois coups de canon, n'est-ce pas ?

Don Ricardo s'incline et sort.
Don Carlos, resté seul, tombe dans une profonde rêverie.
Ses bras se croisent, sa tête fléchit sur sa poitrine, puis il la
relève et se tourne vers le tombeau.

SCÈNE DEUXIÈME

DON CARLOS, *seul*[1].

Charlemagne, pardon! — Ces voûtes solitaires
Ne devraient répéter que paroles austères;
1435 Tu t'indignes sans doute à ce bourdonnement
Que nos ambitions font sur ton monument.
— Charlemagne est ici! — Comment, sépulcre sombre,
Peux-tu sans éclater contenir si grande ombre?
Es-tu bien là, géant d'un monde créateur,
1440 Et t'y peux-tu coucher de toute ta hauteur? —
Ah! c'est un beau spectacle à ravir la pensée
Que l'Europe ainsi faite et comme il l'a laissée!
Un édifice, avec deux hommes au sommet,
Deux chefs élus auxquels tout roi né se soumet.
1445 Presque tous les états, duchés, fiefs militaires,
Royaumes, marquisats, tous sont héréditaires;
Mais le peuple a parfois son pape ou son César,
Tout marche, et le hasard corrige le hasard.
De là vient l'équilibre, et toujours l'ordre éclate.
1450 Électeurs de drap d'or, cardinaux d'écarlate,
Double sénat sacré dont la terre s'émeut,
Ne sont là qu'en parade, et Dieu veut ce qu'il veut.
Qu'une idée, au besoin des temps, un jour éclose,
Elle grandit, va, court, se mêle à toute chose,
1455 Se fait homme, saisit les cœurs, creuse un sillon;
Maint roi la foule aux pieds ou lui met un bâillon;
Mais qu'elle entre un matin à la diète, au conclave,
Et tous les rois soudain verront l'idée esclave
Sur leurs têtes de rois que ses pieds courberont
1460 Surgir, le globe en main ou la tiare au front.
Le pape et l'empereur sont tout. Rien n'est sur terre
Que pour eux et par eux. Un suprême mystère

Vit en eux ; et le ciel, dont ils ont tous les droits,
Leur fait un grand festin des peuples et des rois
1465 Et les tient sous sa nue, où son tonnerre gronde,
Seuls, assis à la table où Dieu leur sert le monde.
Tête à tête ils sont là, réglant et retranchant,
Arrangeant l'univers comme un faucheur son champ.
Tout se passe entre eux deux. Les rois sont à la porte,
1470 Respirant la vapeur des mets que l'on apporte,
Regardant à la vitre, attentifs, ennuyés,
Et se haussant pour voir sur la pointe des pieds.
Le monde au-dessous d'eux s'échelonne et se groupe.
Ils font et défont. L'un délie et l'autre coupe.
1475 L'un est la vérité, l'autre est la force. Ils ont
Leur raison en eux-même, et sont parce qu'ils sont.
Quand ils sortent, tous deux égaux, du sanctuaire,
L'un dans sa pourpre, et l'autre avec son blanc suaire,
L'univers ébloui contemple avec terreur
1480 Ces deux moitiés de Dieu, le pape et l'empereur.
    — L'empereur ! l'empereur ! être empereur ! Ô rage,
Ne pas l'être ! — et sentir son cœur plein de courage !
Qu'il fut heureux celui qui dort dans ce tombeau !
Qu'il fut grand ! — De son temps c'était encor plus beau.
1485 Le pape et l'empereur ! ce n'était plus deux hommes.
Pierre et César ! en eux accouplant les deux Romes,
Fécondant l'une et l'autre en un mystique hymen,
Redonnant une forme, une âme au genre humain,
Faisant refondre en bloc peuples et pêle-mêle
1490 Royaumes, pour en faire une Europe nouvelle,
Et tous deux remettant au moule de leur main
Le bronze qui restait du vieux monde romain !
Oh ! quel destin ! — Pourtant cette tombe est la sienne !
Tout est-il donc si peu que ce soit là qu'on vienne ?
1495 Quoi donc ! avoir été prince, empereur et roi !
Avoir été l'épée ! avoir été la loi !
Géant, pour piédestal avoir eu l'Allemagne !

Quoi ! pour titre César et pour nom Charlemagne !
Avoir été plus grand qu'Annibal, qu'Attila,
1500 Aussi grand que le monde[1] !... — et que tout tienne là !
Ha ! briguez donc l'empire ! et voyez la poussière
Que fait un empereur ! couvrez la terre entière
De bruit et de tumulte. Élevez, bâtissez
Votre empire, et jamais ne dites : C'est assez !
1505 Taillez à larges pans un édifice immense !
Savez-vous ce qu'un jour il en reste ? — ô démence !
Cette pierre ! — · et du titre et du nom triomphants ? —
Quelques lettres, à faire épeler des enfants !
Si haut que soit le but où votre orgueil aspire,
1510 Voilà le dernier terme !... Oh ! l'empire ! l'empire !
Que m'importe ! j'y touche, et le trouve à mon gré.
Quelque chose me dit : Tu l'auras ! — Je l'aurai. —
Si je l'avais !... — Ô ciel ! être ce qui commence !
Seul, debout, au plus haut de la spirale immense !
1515 D'une foule d'états l'un sur l'autre étagés
Être la clef de voûte, et voir sous soi rangés
Les rois, et sur leur tête essuyer ses sandales ;
Voir au-dessous des rois les maisons féodales,
Margraves, cardinaux, doges, ducs à fleurons ;
1520 Puis évêques, abbés, chefs de clans, hauts barons ;
Puis clercs et soldats ; puis, loin du faîte où nous sommes,
Dans l'ombre, tout au fond de l'abîme, — les hommes.
— Les hommes ! — c'est-à-dire une foule, une mer,
Un grand bruit ; pleurs et cris, parfois un rire amer,
1525 Plainte qui, réveillant la terre qui s'effare,
À travers tant d'échos, nous arrive fanfare !
Les hommes ! — des cités, des tours, un vaste essaim, —
De hauts clochers d'église à sonner le tocsin ! —

Rêvant.

Base de nations portant sur leurs épaules
1530 La pyramide énorme appuyée aux deux pôles,

Flots vivants, qui toujours l'étreignant de leurs plis,
La balancent, branlante, à leur vaste roulis,
Font tout changer de place et, sur ses hautes zônes,
Comme des escabeaux font chanceler les trônes,
1535 Si bien que tous les rois, cessant leurs vains débats,
Lèvent les yeux au ciel... — Rois! regardez en bas!
— Ah! le peuple! — océan! — onde sans cesse émue!
Où l'on ne jette rien sans que tout ne remue!
Vague qui broie un trône et qui berce un tombeau!
1540 Miroir où rarement un roi se voit en beau!
Ah! si l'on regardait parfois dans ce flot sombre,
On y verrait au fond des empires sans nombre,
Grands vaisseaux naufragés, que son flux et reflux
Roule, et qui le gênaient, et qu'il ne connaît plus!
1545 — Gouverner tout cela! — Monter, si l'on vous nomme,
À ce faîte! — Y monter, sachant qu'on n'est qu'un
                                              [homme!
— Avoir l'abîme là!... — Pourvu qu'en ce moment
Il n'aille pas me prendre un éblouissement!
Oh! d'états et de rois mouvante pyramide,
1550 Ton faîte est bien étroit! — Malheur au pied timide!
À qui me retiendrai-je?... — Oh! si j'allais faillir
En sentant sous mes pieds le monde tressaillir!
En sentant vivre, sourdre et palpiter la terre!
— Puis, quand j'aurai ce globe entre mes mains, qu'en
                                              [faire?
1555 Le pourrai-je porter seulement? Qu'ai-je en moi?
Être empereur! mon Dieu! j'avais trop d'être roi!
Certe, il n'est qu'un mortel de race peu commune
Dont puisse s'élargir l'âme avec la fortune.
Mais moi! qui me fera grand? qui sera ma loi?
1560 Qui me conseillera?... —
                         Il tombe à deux genoux devant le tombeau.
                         Charlemagne! c'est toi!
Oh! puisque Dieu, pour qui tout obstacle s'efface,

Prend nos deux majestés et les met face à face,
Verse-moi dans le cœur, du fond de ce tombeau,
Quelque chose de grand, de sublime et de beau !
1565 Oh ! par tous ses côtés fais-moi voir toute chose !
Montre-moi que le monde est petit, car je n'ose
Y toucher. Montre-moi que sur cette Babel
Qui du pâtre à César va montant jusqu'au ciel,
Chacun en son degré se complaît et s'admire,
1570 Voit l'autre par-dessous et se retient d'en rire.
Apprends-moi tes secrets de vaincre et de régner,
Et dis-moi qu'il vaut mieux punir que pardonner !
— N'est-ce pas ? — S'il est vrai qu'en son lit solitaire
Parfois une grande ombre, au bruit que fait la terre,
1575 S'éveille, et que soudain son tombeau large et clair
S'entrouvre, et dans la nuit jette au monde un éclair ;
Si cette chose est vraie, empereur d'Allemagne,
Oh ! dis-moi ce qu'on peut faire après Charlemagne !
Parle ! dût en parlant ton souffle souverain
1580 Me briser sur le front cette porte d'airain !
Ou plutôt, laisse-moi seul dans ton sanctuaire
Entrer ; laisse-moi voir ta face mortuaire ;
Ne me repousse pas d'un souffle d'aquilons ;
Sur ton chevet de pierre accoude-toi. Parlons.
1585 Oui, dusses-tu me dire, avec ta voix fatale,
De ces choses qui font l'œil sombre et le front pâle,
Parle, et n'aveugle pas ton fils épouvanté,
Car ta tombe sans doute est pleine de clarté !
Ou, si tu ne dis rien, laisse en ta paix profonde
1590 Carlos étudier ta tête comme un monde ;
Laisse, qu'il te mesure à loisir, ô géant ;
Car rien n'est ici-bas si grand que ton néant !
Que la cendre, à défaut de l'ombre, me conseille !

Il approche la clef de la serrure.

Entrons !

Il recule.

Dieu ! S'il allait me parler à l'oreille !
1595 S'il était là, debout et marchant à pas lents !
Si j'allais ressortir avec des cheveux blancs !
Entrons toujours ! —

Bruit de pas.

On vient ! — Qui donc ose à cette heure,
Hors moi, d'un pareil mort éveiller la demeure ?
Qui donc ?

Le bruit s'approche.

Ah ! j'oubliais ! ce sont mes assassins !
1600 Entrons !

*Il ouvre la porte du tombeau qu'il referme sur lui. —
Entrent plusieurs hommes marchant à pas sourds, cachés
sous leurs manteaux et leurs chapeaux.*

SCÈNE TROISIÈME

LES CONJURÉS

*Ils vont les uns aux autres en se prenant la main et en
échangeant quelques paroles à voix basse.*

PREMIER CONJURÉ, *portant seul une torche allumée.*

Ad augusta.

DEUXIÈME CONJURÉ

Per angusta

PREMIER CONJURÉ

Les saints

Nous protègent.

TROISIÈME CONJURÉ

Les morts nous servent.

PREMIER CONJURÉ

Dieu nous garde.

Bruit de pas dans l'ombre.

DEUXIÈME CONJURÉ

Qui vive?

VOIX DANS L'OMBRE

Ad augusta.

DEUXIÈME CONJURE

Per angusta.

Entrent de nouveaux conjurés. — Bruit de pas.

PREMIER CONJURÉ, *au troisième.*

Regarde.

Il vient encor quelqu'un.

TROISIÈME CONJURÉ

Qui vive?

VOIX DANS L'OMBRE

Ad augusta

TROISIÈME CONJURÉ

Per angusta.

Entrent de nouveaux conjurés, qui échangent des signes de main avec tous les autres.

PREMIER CONJURÉ

C'est bien. Nous voilà tous. — Gotha,
1605 Fais le rapport. — Amis, l'ombre attend la lumière.

Tous les conjurés s'asseyent en demi-cercle sur des tombeaux. Le premier conjuré passe tour à tour devant tous, et chacun allume à sa torche une cire qu'il tient à la main. Puis le premier conjuré va s'asseoir en silence sur une tombe, au centre du cercle et plus haute que les autres.

LE DUC DE GOTHA, *se levant.*

Amis, Charles d'Espagne, étranger par sa mère,
Prétend au saint-empire.

PREMIER CONJURÉ

Il aura le tombeau.

LE DUC DE GOTHA

Il jette sa torche à terre et l'écrase du pied.

Qu'il en soit de son front comme de ce flambeau !

TOUS

Que ce soit !

PREMIER CONJURÉ

Mort à lui !

LE DUC DE GOTHA

Qu'il meure !

TOUS

Qu'on l'immole !

DON JUAN DE HARO

1610 Son père est Allemand.

LE DUC DE LUTZELBOURG

Sa mère est Espagnole.

LE DUC DE GOTHA

Il n'est plus Espagnol et n'est pas Allemand.
Mort !

UN CONJURÉ

Si les électeurs allaient en ce moment
Le nommer empereur ?

PREMIER CONJURÉ

Eux ! lui ! jamais !

DON GIL TELLEZ GIRON

Qu'importe !
Amis ! frappons la tête et la couronne est morte !

PREMIER CONJURÉ

1615 S'il a le saint-empire, il devient, quel qu'il soit,
Très auguste, et Dieu seul peut le toucher du doigt !

LE DUC DE GOTHA

Le plus sûr, c'est qu'avant d'être auguste, il expire !

PREMIER CONJURÉ

On ne l'élira point !

TOUS

Il n'aura pas l'empire !

PREMIER CONJURÉ

Combien faut-il de bras pour le mettre au linceul ?

TOUS

1620 Un seul.

PREMIER CONJURÉ

Combien faut-il de coups au cœur?

TOUS

Un seul.

PREMIER CONJURÉ

Qui frappera?

TOUS

Nous tous!

PREMIER CONJURÉ

La victime est un traître
Ils font un empereur. Nous, faisons un grand-prêtre.
Tirons au sort.

> *Tous les conjurés écrivent leur nom sur leurs tablettes,*
> *déchirent la feuille, la roulent, et vont l'un après l'autre la*
> *jeter dans l'urne d'un tombeau. — Puis le premier conjuré*
> *dit :*

— Prions.

Tous s'agenouillent. Le premier conjuré se relève et dit :

Que l'élu croie en Dieu,
Frappe comme un Romain, meure comme un Hébreu!
1625 Il faut qu'il brave roue et tenailles mordantes,
Qu'il chante aux chevalets, rie aux lampes ardentes,
Enfin que, pour tuer et mourir résigné,
Il fasse tout!

Il tire un des parchemins de l'urne.

TOUS

Quel nom?

PREMIER CONJURÉ, *à haute voix.*

Hernani.

HERNANI, *sortant de la foule des conjurés.*

J'ai gagné !
— Je te tiens, toi que j'ai si longtemps poursuivie,
1630 Vengeance !

DON RUY GOMEZ, *perçant la foule et prenant Hernani à part.*

Oh ! cède-moi ce coup !

HERNANI

Non, sur ma vie !
Oh ! ne m'enviez pas ma fortune, seigneur !
C'est la première fois qu'il m'arrive bonheur !

DON RUY GOMEZ

Tu n'as rien. Eh bien, tout, fiefs, châteaux, vasselages,
Cent mille paysans dans mes trois cents villages,
1635 Pour ce coup à frapper, je te les donne, ami !

HERNANI

Non !

LE DUC DE GOTHA

Ton bras porterait un coup moins affermi,
Vieillard !

DON RUY GOMEZ

Arrière ! vous ! sinon le bras, j'ai l'âme.
Aux rouilles du fourreau ne jugez point la lame.

À Hernani.

— Tu m'appartiens !

HERNANI

Ma vie à vous, la sienne à moi.

DON RUY GOMEZ, *tirant le cor de sa ceinture.*

1640 Elle ! je te la cède, et te rends ce cor.

HERNANI, *ébranlé.*

Quoi ?
La vie et doña Sol ! — Non ! je tiens ma vengeance !
Avec Dieu dans ceci je suis d'intelligence.
J'ai mon père à venger !... peut-être plus encor !

DON RUY GOMEZ

Elle ! je te la donne[1], et je te rends ce cor !

HERNANI

1645 Non !

DON RUY GOMEZ

Réfléchis, enfant !

HERNANI

Duc ! laisse-moi ma proie !

DON RUY GOMEZ

Eh bien ! maudit sois-tu de m'ôter cette joie !

Il remet le cor à sa ceinture

PREMIER CONJURÉ, *à Hernani.*

Frère ! avant qu'on ait pu l'élire, il serait bien
D'attendre dès ce soir Carlos...

HERNANI

Ne craignez rien !
Je sais comment on pousse un homme dans la tombe.

PREMIER CONJURÉ

1650 Que toute trahison sur le traître retombe,
Et Dieu soit avec vous! — Nous, comtes et barons,
S'il périt sans tuer, continuons! — Jurons
De frapper tour à tour et sans nous y soustraire
Carlos qui doit mourir.

TOUS, *tirant leurs épées.*

Jurons!

LE DUC DE GOTHA, *au premier conjuré.*

Sur quoi, mon frère?

DON RUY GOMEZ, *retourne son épée,*
la prend par la pointe et l'élève au-dessus de sa tête.

1655 Jurons sur cette croix!

TOUS, *élevant leurs épées.*

Qu'il meure impénitent!

On entend un coup de canon éloigné. Tous s'arrêtent en
silence. — La porte du tombeau s'entrouvre et don Carlos
paraît sur le seuil, pâle; il écoute. — Un second coup. —
Un troisième coup. — Il ouvre tout-à-fait la porte du
tombeau, mais sans faire un pas, debout et immobile sur le
seuil.

SCÈNE QUATRIÈME

LES CONJURÉS, DON CARLOS, *puis* DON RICARDO,
SEIGNEURS, GARDES, LE ROI DE BOHÊME,
LE DUC DE BAVIÈRE, *puis* DOÑA SOL

DON CARLOS

Messieurs, allez plus loin! l'empereur vous entend.

> *Tous les flambeaux s'éteignent à la fois. — Profond*
> *silence. — Il fait un pas dans les ténèbres si épaisses qu'on*
> *y distingue à peine les conjurés muets et immobiles.*

Silence et nuit! l'essaim en sort et s'y replonge!
Croyez-vous que ceci va passer comme un songe,
Et que je vous prendrai, n'ayant plus vos flambeaux,
1660 Pour des hommes de pierre assis sur leurs tombeaux?
Vous parliez tout-à-l'heure assez haut, mes statues!
Allons! relevez donc vos têtes abattues,
Car voici Charles-Quint! Frappez! faites un pas!
Voyons: oserez-vous? — Non, vous n'oserez pas!
1665 — Vos torches flamboyaient sanglantes sous ces voûtes
Mon souffle a donc suffi pour les éteindre toutes!
Mais voyez, et tournez vos yeux irrésolus,
Si j'en éteins beaucoup, j'en allume encor plus!

> *Il frappe de la clef de fer sur la porte de bronze du*
> *tombeau. À ce bruit, toutes les profondeurs du souterrain se*
> *remplissent de soldats portant des torches et des pertuisanes.*
> *À leur tête, le duc d'Alcala, le marquis d'Almuñan, etc.*

— Accourez, mes faucons! j'ai le nid, j'ai la proie!

Aux conjurés

1670 — J'illumine à mon tour. Le sépulcre flamboie!
Regardez!

Aux soldats.

Venez tous! car le crime est flagrant!

HERNANI, *regardant les soldats.*

À la bonne heure! seul, il me semblait trop grand.
C'est bien. — J'ai cru d'abord que c'était Charlemagne,
Ce n'est que Charles-Quint!

DON CARLOS, *au duc d'Alcala.*

Connétable d'Espagne!

Au marquis d'Almuñan.

1675 Amiral de Castille, ici! — Désarmez-les.

On entoure les conjurés et on les désarme.

DON RICARDO, *accourant et s'inclinant jusqu'à terre.*

Majesté!...

DON CARLOS

Je te fais alcade du palais.

DON RICARDO, *s'inclinant de nouveau.*

Deux électeurs, au nom de la chambre dorée,
Viennent complimenter la Majesté sacrée!

DON CARLOS

Qu'ils entrent.

Bas à Ricardo.

Doña Sol!

*Ricardo salue et sort. — Entrent, avec flambeaux et
fanfares, le roi de Bohême et le duc de Bavière, tout en drap
d'or, couronnes en tête. Nombreux cortège de seigneurs
allemands, portant la bannière de l'empire, l'aigle à deux
têtes, avec l'écusson d'Espagne au milieu. — Les soldats
s'écartent, se rangent en haie, et font passage aux deux
électeurs, jusqu'à l'empereur qu'ils saluent profondément, et
qui leur rend leur salut en soulevant son chapeau.*

LE DUC DE BAVIÈRE

Charles! roi des Romains,
1680 Majesté très sacrée, empereur! dans vos mains
Le monde est maintenant, car vous avez l'empire.
Il est à vous, ce trône où tout monarque aspire!
Frédéric, duc de Saxe, y fut d'abord élu,

Mais, vous jugeant plus digne, il n'en a pas voulu.
1685 Venez donc recevoir la couronne et le globe.
Le Saint-Empire, ô roi, vous revêt de la robe.
Il vous arme du glaive, et vous êtes très grand.

DON CARLOS

J'irai remercier le collège en rentrant.
Allez, messieurs. — Merci, mon frère de Bohême,
1690 Mon cousin de Bavière, allez! — J'irai moi-même.

LE ROI DE BOHÊME

Charles! du nom d'amis nos aïeux se nommaient.
Mon père aimait ton père, et leurs pères s'aimaient.
Charles, si jeune en butte aux fortunes contraires,
Dis, veux-tu que je sois ton frère entre tes frères?
1695 Je t'ai vu tout enfant, et ne puis oublier...

DON CARLOS, *l'interrompant.*

Roi de Bohême! eh bien! vous êtes familier!

> *Il lui présente sa main à baiser, ainsi qu'au duc de
> Bavière, puis congédie les deux électeurs, qui le saluent
> profondément.*

Allez!

> *Sortent les deux électeurs avec leur cortège.*

LA FOULE

Vivat!

DON CARLOS, *à part.*

J'y suis! — et tout m'a fait passage!
Empereur! — au refus de Frédéric-le-Sage!

> *Entre doña Sol, conduite par don Ricardo.*

DOÑA SOL

Des soldats! l'empereur! ô ciel! coup imprévu.
1700 Hernani!

HERNANI

Doña Sol

DON RUY GOMEZ, *a côté d'Hernani, à part.*

Elle ne m'a point vu!

*Doña Sol court à Hernani. Il la fait reculer d'un regard
de défiance.*

HERNANI

Madame!...

DOÑA SOL, *tirant le poignard de son sein.*

J'ai toujours son poignard!

HERNANI, *lui tendant les bras.*

Mon amie!

DON CARLOS

Silence tous! —

Aux conjurés.

Votre âme est-elle raffermie?
Il convient que je donne au monde une leçon.
Lara le Castillan et Gotha le Saxon,
1705 Vous tous! que venait-on faire ici? parlez.

HERNANI, *faisant un pas.*

Sire,
La chose est toute simple, et l'on peut vous la dire.
Nous gravions la sentence au mur de Balthazar [1].

Il tire un poignard et l'agite.

Nous rendions à César ce qu'on doit à César.

DON CARLOS

Paix !

À don Ruy Gomez.

— Vous traître, Silva ?

DON RUY GOMEZ

Lequel de nous deux, sire ?

HERNANI, *se retournant vers les conjurés.*

1710 Nos têtes et l'empire ! — Il a ce qu'il désire.

À l'empereur.

Le bleu manteau des rois pouvait gêner vos pas.
La pourpre vous va mieux. Le sang n'y paraît pas.

DON CARLOS, *à don Ruy Gomez.*

Mon cousin de Silva, c'est une félonie
À faire du blason rayer ta baronnie !
1715 C'est haute trahison, don Ruy, songes-y bien !

DON RUY GOMEZ

Les rois Rodrigue font les comtes Julien[1] !

DON CARLOS, *au duc d'Alcala.*

Ne prenez que ce qui peut être duc ou comte. —
Le reste !... —

*Don Ruy Gomez, le duc de Lutzelbourg, le duc de
Gotha, don Juan de Haro, don Guzman de Lara, don
Tellez Giron, le baron de Hohenbourg se séparent du groupe
des conjurés, parmi lesquels est resté Hernani. Le duc
d'Alcala les entoure étroitement de gardes.*

DOÑA SOL

Il est sauvé !

HERNANI, *sortant du groupe des conjurés.*

Je prétends qu'on me compte !

À don Carlos.

Puisqu'il s'agit de hache ici, que Hernani,
1720 Pâtre obscur, sous tes pieds passerait impuni,
Puisque son front n'est plus au niveau de ton glaive,
Puisqu'il faut être grand pour mourir, je me lève.
Dieu qui donne le sceptre et qui te le donna
M'a fait duc de Segorbe et duc de Cardona,
1725 Marquis de Monroy, comte Albatera, vicomte
De Gor, seigneur de lieux dont j'ignore le compte.
Je suis Jean d'Aragon, grand-maître d'Avis, né
Dans l'exil, fils proscrit d'un père assassiné
Par sentence du tien, roi Carlos de Castille !
1730 Le meurtre est entre nous affaire de famille.
Vous avez l'échafaud, nous avons le poignard.
Donc le ciel m'a fait duc et l'exil montagnard.
Mais puisque j'ai sans fruit aiguisé mon épée
Sur les monts, et dans l'eau des torrents retrempée,

Il met son chapeau.
Aux autres conjurés.

1735 Couvrons-nous, grands d'Espagne ! —

Tous les Espagnols se couvrent.
À don Carlos.

Oui, nos têtes, ô roi,
Ont le droit de tomber couvertes devant toi !

Aux prisonniers.

— Silva ! Haro ! Lara ! gens de titre et de race,
Place à Jean d'Aragon ! ducs et comtes ! ma place !

Aux courtisans et aux gardes.

Je suis Jean d'Aragon, roi, bourreaux et valets !
1740 Et si vos échafauds sont petits, changez-les !

Il vient se joindre au groupe des seigneurs prisonniers.

DOÑA SOL

Ciel !

DON CARLOS

En effet, j'avais oublié cette histoire.

HERNANI

Celui dont le flanc saigne a meilleure mémoire.
L'affront, que l'offenseur oublie en insensé,
Vit et toujours remue au cœur de l'offensé !

DON CARLOS

1745 Donc je suis, c'est un titre à n'en point vouloir d'autres,
Fils de pères qui font choir la tête des vôtres !

DOÑA SOL, *se jetant à genoux devant l'empereur.*

Sire ! pardon ! pitié ! Sire, soyez clément !
Ou frappez-nous tous deux, car il est mon amant,
Mon époux ! en lui seul je respire. — Oh ! je tremble.
1750 Sire ! ayez la pitié de nous tuer ensemble !
Majesté ! je me traîne à vos sacrés genoux !
Je l'aime ! il est à moi, comme l'empire à vous !
Oh ! grâce !...

Don Carlos la regarde, immobile.

— Quel penser sinistre vous absorbe ?... —

DON CARLOS

Allons ! relevez-vous, duchesse de Segorbe,
1755 Comtesse Albatera, marquise de Monroy...

À Hernani.

— Tes autres noms, don Juan ? —

DON JUAN ? —

HERNANI

Qui parle ainsi ? le roi ?

DON CARLOS

Non, l'empereur.

DOÑA SOL, *se relevant.*

Grand Dieu !

DON CARLOS, *la montrant à Hernani.*

Duc, voilà ton épouse !

HERNANI, *les yeux au ciel et doña Sol dans ses bras.*

Juste Dieu[1] !

DON CARLOS, *à don Ruy Gomez.*

Mon cousin, ta noblesse est jalouse,
Je sais. — Mais Aragon peut épouser Silva.

DON RUY GOMEZ, *sombre.*

1760 Ce n'est pas ma noblesse !

HERNANI, *regardant doña Sol avec amour et la tenant embrassée.*

Oh ! ma haine s'en va !

Il jette son poignard.

DON RUY GOMEZ, *à part, les regardant tous deux.*

Éclaterai-je ? oh non ! Fol amour ! douleur folle !
Tu leur ferais pitié, vieille tête espagnole !
Vieillard, brûle sans flamme, aime et souffre en secret,
Laisse ronger ton cœur ! Pas un cri. — L'on rirait !

DOÑA SOL, *dans les bras d'Hernani.*

1765 Ô mon duc!

HERNANI

Je n'ai plus que de l'amour dans l'âme.

DOÑA SOL

Ô bonheur!

DON CARLOS, *à part, la main dans sa poitrine.*

Éteins-toi, cœur jeune et plein de flamme!
Laisse régner l'esprit, que longtemps tu troublas:
Tes amours désormais, tes maîtresses, hélas!
C'est l'Allemagne, c'est la Flandre, c'est l'Espagne.

L'œil fixé sur sa bannière.

1770 L'empereur est pareil à l'aigle, sa compagne.
À la place du cœur, il n'a qu'un écusson.

HERNANI

Ah! vous êtes César!

DON CARLOS, *à Hernani.*

De ta noble maison,
Don Juan, ton cœur est digne.

Montrant doña Sol.

Il est digne aussi d'elle.

— À genoux, duc!

*Hernani s'agenouille. Don Carlos détache sa Toison d'or
et la lui passe au cou.*

— Reçois ce collier.

*Don Carlos tire son épée et l'en frappe trois fois sur
l'épaule.*

Sois fidèle !

1775 — Par saint Étienne, duc, je te fais chevalier.

Il le relève et l'embrasse.

Mais tu l'as, le plus doux et le plus beau collier,
Celui que je n'ai pas, qui manque au rang suprême,
Les deux bras d'une femme aimée, et qui vous aime !
Ah ! tu vas être heureux ; — moi, je suis empereur.

Aux conjurés.

1780 Je ne sais plus vos noms, messieurs. — Haine et fureur,
Je veux tout oublier. Allez, je vous pardonne !
C'est la leçon qu'au monde il convient que je donne.
Ce n'est pas vainement qu'à Charles Premier, roi,
L'empereur Charles-Quint succède, et qu'une loi
1785 Change, aux yeux de l'Europe, orpheline éplorée,
L'altesse catholique en majesté sacrée [1].

Les conjurés tombent à genoux.

LES CONJURÉS

Gloire à Carlos !

DON RUY GOMEZ, *a don Carlos.*

Moi seul, je reste condamné.

DON CARLOS

Et moi !

HERNANI

Je ne hais plus. Carlos a pardonné.
Qui donc nous change tous ainsi ?

TOUS, *soldats, conjurés, seigneurs.*

Vive Allemagne !

1790 Honneur à Charles-Quint !

DON CARLOS, *se tournant vers le tombeau.*

Honneur à Charlemagne!
Laissez-nous seuls tous deux.

Tous sortent.

SCÈNE CINQUIÈME

DON CARLOS, *seul*

Il s'incline devant le tombeau

Es-tu content de moi?
Ai-je bien dépouillé les misères du roi?
Charlemagne! empereur, suis-je bien un autre homme?
Puis-je accoupler mon casque à la mitre de Rome?
1795 Aux fortunes du monde ai-je droit de toucher?
Ai-je un pied sûr et ferme, et qui puisse marcher
Dans ce sentier, semé des ruines vandales,
Que tu nous as battu de tes larges sandales?
Ai-je bien à ta flamme allumé mon flambeau?
1800 Ai-je compris la voix qui parle en ton tombeau?
— Ah! j'étais seul, perdu, seul devant un empire,
Tout un monde qui hurle, et menace, et conspire
Le Danois à punir, le Saint-Père à payer,
Venise, Soliman, Luther, François Premier,
1805 Mille poignards jaloux luisant déjà dans l'ombre,
Des pièges, des écueils, des ennemis sans nombre,
Vingt peuples dont un seul ferait peur à vingt rois,
Tout pressé, tout pressant, tout à faire à la fois!
Je t'ai crié : — Par où faut-il que je commence?
1810 Et tu m'as répondu : — Mon fils, par la clémence!

V

LA NOCE

ACTE V

Une terrasse du palais d'Aragon. Au fond, la rampe d'un escalier qui s'enfonce dans le jardin. À droite et à gauche, deux portes donnant sur cette terrasse, que ferme au fond du théâtre une balustrade surmontée de deux rangs d'arcades moresques, au-dessus et au travers desquelles on voit les jardins du palais, les jets d'eau dans l'ombre, les bosquets avec des lumières qui s'y promènent, et au fond les faîtes gothiques et arabes du palais illuminé. — Il est nuit. On entend des fanfares éloignées. — Des masques, des dominos, épars, isolés ou groupés, traversent çà et là la terrasse. Sur le devant du théâtre, un groupe de jeunes seigneurs, les masques à la main, riant et causant à grand bruit.

SCÈNE PREMIÈRE

DON SANCHO SANCHEZ DE ZUNIGA, *comte de Monterey* ; DON MATIAS CENTURION, *marquis d'Almuñan* ; DON RICARDO DE ROXAS, *comte de Casapalma* ; DON FRANCISCO DE SOTO-MAYOR, *comte de Velalcazar* ; DON GARCI SUAREZ DE CAR-BAJAL, *comte de Peñalver*

DON GARCI

Ma foi, vive la joie et vive l'épousée !

DON MATIAS, *regardant au balcon.*

Sarragosse ce soir se met à la croisée.

DON GARCI

Et fait bien! on ne vit jamais noce aux flambeaux
Plus gaie, et nuit plus douce, et mariés plus beaux!

DON MATIAS

1815 Bon empereur!

DON SANCHO

Marquis, certain soir qu'à la brune
Nous allions avec lui tous deux cherchant fortune,
Qui nous eût dit qu'un jour tout finirait ainsi?

DON RICARDO, *l'interrompant.*

J'en étais.

Aux autres.

Écoutez l'histoire que voici :
Trois galants, un bandit que l'échafaud réclame,
1820 Puis un duc, puis un roi, d'un même cœur de femme
Font le siège à la fois. — L'assaut donné, qui l'a?
C'est le bandit.

DON FRANCISCO

Mais rien que de simple en cela.
L'amour et la fortune, ailleurs comme en Espagne,
Sont jeux de dés pipés. C'est le voleur qui gagne!

DON RICARDO

1825 Moi, j'ai fait ma fortune à voir faire l'amour.
D'abord comte, puis grand, puis alcade de cour,
J'ai fort bien employé mon temps, sans qu'on s'en doute.

DON SANCHO

Le secret de monsieur, c'est d'être sur la route
Du roi...

DON RICARDO

Faisant valoir mes droits, mes actions...

DON GARCI

1830 Vous avez profité de ses distractions.

DON MATIAS

Que devient le vieux duc? fait-il clouer sa bière?

DON SANCHO

Marquis, ne riez pas. Car c'est une âme fière.
Il aimait doña Sol, ce vieillard. Soixante ans
Ont fait ses cheveux gris, un jour les a faits blancs!

DON GARCI

1835 Il n'a pas reparu, dit-on, à Sarragosse?

DON SANCHO

Vouliez-vous pas qu'il mît son cercueil de la noce?

DON FRANCISCO

Et que fait l'empereur?

DON SANCHO

L'empereur aujourd'hui
Est triste. Le Luther lui donne de l'ennui.

DON RICARDO

Ce Luther, beau sujet de soucis et d'alarmes!
1840 Que j'en finirais vite avec quatre gendarmes!

DON MATIAS

Le Soliman aussi lui fait ombre.

DON GARCI

           Ah ! Luther !
Soliman, Neptunus, le diable et Jupiter,
Que me font ces gens-là ? les femmes sont jolies,
La mascarade est rare, et j'ai dit cent folies !

DON SANCHO

1845 Voilà l'essentiel.

DON RICARDO

        Garci n'a point tort. Moi,
Je ne suis plus le même un jour de fête, et croi
Qu'un masque que je mets me fait une autre tête,
En vérité !

DON SANCHO, *bas à don Matias.*

    Que n'est-ce alors tous les jours fête !

DON FRANCISCO, *montrant la porte à droite.*

Messeigneurs, n'est-ce pas la chambre des époux ?

DON GARCI, *avec un signe de tête.*

1850 Nous les verrons venir dans l'instant.

DON FRANCISCO

            Croyez-vous ?

DON GARCI

Hé ! sans doute !

DON FRANCISCO

    Tant mieux. L'épousée est si belle !

DON RICARDO

Que l'empereur est bon ! — Hernani, ce rebelle,
Avoir la Toison-d'Or ! — marié ! — pardonné !
Loin de là, s'il m'eût cru, l'empereur eût donné
1855 Lit de pierre au galant, lit de plume à la dame.

DON SANCHO, *bas à don Matias.*

Que je le crèverais volontiers de ma lame !
Faux seigneur de clinquant recousu de gros fil !
Pourpoint de comte, empli de conseils d'alguazil !

DON RICARDO, *s'approchant.*

Que dites-vous là ?

DON MATIAS, *bas à don Sancho.*

Comte, ici pas de querelle !

À don Ricardo.

1860 Il me chante un sonnet de Pétrarque à sa belle.

DON GARCI

Avez-vous remarqué, messieurs, parmi les fleurs,
Les femmes, les habits de toutes les couleurs,
Ce spectre, qui, debout contre une balustrade,
De son domino noir tachait la mascarade ?

DON RICARDO

1865 Oui, pardieu !

DON GARCI

Qu'est-ce donc ?

DON RICARDO

Mais sa taille, son air...
C'est don Prancasio, général de la mer.

DON FRANCISCO

Non.

DON GARCI

Il n'a pas quitté son masque.

DON FRANCISCO

Il n'avait garde
C'est le duc de Soma qui veut qu'on le regarde.
Rien de plus.

DON RICARDO

Non. Le duc m'a parlé.

DON GARCI

Qu'est-ce alors
1870 Que ce masque? — Tenez, le voilà.

Entre un domino noir qui traverse lentement le fond du théâtre. Tous se retournent et le suivent des yeux sans qu'il paraisse y prendre garde.

DON SANCHO

Si les morts
Marchent, voici leur pas.

DON GARCI, *courant au domino noir.*

Beau masque!

Le domino noir se retourne et s'arrête. Garci recule.

Sur mon âme,
Messeigneurs, dans ses yeux j'ai vu luire une flamme.

DON SANCHO

Si c'est le diable, il trouve à qui parler.

Il va au domino noir, toujours immobile.

Mauvais !

Nous viens-tu de l'enfer ?

LE MASQUE

Je n'en viens pas, j'y vais.

*Il reprend sa marche, et disparaît par la rampe de
l'escalier. Tous le suivent des yeux avec une sorte d'effroi.*

DON MATIAS

1875 La voix est sépulcrale, autant qu'on le peut dire.

DON GARCI

Baste ! ce qui fait peur ailleurs, au bal fait rire !

DON SANCHO

Quelque mauvais plaisant !

DON GARCI

Ou si c'est Lucifer
Qui vient nous voir danser en attendant l'enfer,
Dansons !

DON SANCHO

C'est, à coup sûr, quelque bouffonnerie.

DON MATIAS

1880 Nous le saurons demain.

DON SANCHO, *à don Matias.*

Regardez, je vous prie.

Que devient-il ?

DON MATIAS, *à la balustrade de la terrasse.*

Il a descendu l'escalier.

— Plus rien.

DON SANCHO

C'est un plaisant drôle !

Rêvant.

— C'est singulier.

DON GARCI, *à une dame qui passe.*

— Marquise, dansons-nous celle-ci ?

Il la salue et lui présente la main.

LA DAME

Mon cher comte,
Vous savez, avec vous, que mon mari les compte.

DON GARCI

1885 Raison de plus. Cela l'amuse apparemment.
C'est son plaisir. Il compte et nous dansons.

La dame lui donne la main et ils sortent.

DON SANCHO, *pensif.*

Vraiment,
C'est singulier.

DON MATIAS

Voici les mariés. Silence.

*Entrent Hernani et doña Sol se donnant la main. Doña
Sol en magnifique habit de mariée. Hernani tout en velours
noir, avec la Toison-d'Or au cou. Derrière eux, foule de
masques, de dames et de seigneurs qui leur font cortège.*

Deux hallebardiers en riche livrée les suivent, et quatre
pages les précèdent. Tout le monde se range et s'incline sur
leur passage. Fanfares.

SCÈNE DEUXIÈME

LES MÊMES, HERNANI, DOÑA SOL, *suite*

HERNANI, *saluant.*

Chers amis !..

DON RICARDO, *allant à lui et s'inclinant.*

Ton bonheur fait le nôtre, excellence !

DON FRANCISCO, *contemplant doña Sol.*

Saint Jacques monseigneur ! c'est Vénus qu'il conduit !

DON MATIAS

1890 D'honneur, on est heureux un pareil jour la nuit !

DON FRANCISCO, *montrant à don Matias la chambre nuptiale.*

Qu'il va se passer là de gracieuses choses !
Être fée, et tout voir, feux éteints, portes closes,
Serait-ce pas charmant ?

DON SANCHO, *à don Matias.*

Il est tard. Partons-nous ?

Tous vont saluer les mariés et sortent, les uns par la
porte, les autres par l'escalier du fond.

HERNANI, *les reconduisant.*

Dieu vous garde !

DON SANCHO, *resté le dernier, lui serre la main.*

Soyez heureux.

Il sort.

Hernani et doña Sol restent seuls. — Bruit de pas et de voix qui s'éloignent, puis cessent tout-à-fait. Pendant tout le commencement de la scène qui suit, les fanfares et les lumières éloignées s'éteignent par degrés. La nuit et le silence reviennent peu à peu.

SCÈNE TROISIÈME

HERNANI, DOÑA SOL

DOÑA SOL

Ils s'en vont tous

1895 Enfin !

HERNANI, *cherchant à l'attirer dans ses bras.*

Cher amour !

DOÑA SOL, *rougissant et reculant.*

C'est... qu'il est tard, ce me semble...

HERNANI

Ange ! Il est toujours tard pour être seuls ensemble !

DOÑA SOL

Ce bruit me fatiguait ! — N'est-ce pas, cher seigneur,
Que toute cette joie étourdit le bonheur ?

HERNANI

Tu dis vrai. Le bonheur, amie, est chose grave.
1900 Il veut des cœurs de bronze et lentement s'y grave.

Le plaisir l'effarouche en lui jetant des fleurs.
Son sourire est moins près du rire que des pleurs!

DOÑA SOL

Dans vos yeux ce sourire est le jour.

Hernani cherche à l'entraîner vers la porte. Elle rougit.

— Tout à l'heure.

HERNANI

Oh! je suis ton esclave. — Oui, demeure, demeure!
1905 Fais ce que tu voudras. Je ne demande rien.
Tu sais ce que tu fais! ce que tu fais est bien!
Je rirai si tu veux, je chanterai. Mon âme
Brûle... Eh! dis au volcan qu'il étouffe sa flamme,
Le volcan fermera ses gouffres entrouverts,
1910 Et n'aura sur ses flancs que fleurs et gazons verts!
Car le géant est pris, le Vésuve est esclave,
Et que t'importe, à toi, son cœur rongé de lave?
Tu veux des fleurs! c'est bien. Il faut que de son mieux
Le volcan tout brûlé s'épanouisse aux yeux!

DOÑA SOL

1915 Oh! que vous êtes bon pour une pauvre femme,
Hernani de mon cœur!

HERNANI

                    Quel est ce nom, madame?
Oh! ne me nomme plus de ce nom, par pitié!
Tu me fais souvenir que j'ai tout oublié!
Je sais qu'il existait autrefois, dans un rêve,
1920 Un Hernani, dont l'œil avait l'éclair du glaive,
Un homme de la nuit et des monts, un proscrit
Sur qui le mot *vengeance* était partout écrit!
Un malheureux traînant après lui l'anathème!

Mais je ne connais pas ce Hernani. — Moi, j'aime
1925 Les prés, les fleurs, les bois, le chant du rossignol.
Je suis Jean d'Aragon, mari de doña Sol !
Je suis heureux !

DOÑA SOL

Je suis heureuse !

HERNANI

Que m'importe
Les haillons qu'en entrant j'ai laissés à la porte !
Voici que je reviens à mon palais en deuil.
1930 Un ange du Seigneur m'attendait sur le seuil.
J'entre, et remets debout les colonnes brisées,
Je rallume le feu, je rouvre les croisées,
Je fais arracher l'herbe au pavé de la cour,
Je ne suis plus que joie, enchantement, amour.
1935 Qu'on me rende mes tours, mes donjons, mes bastilles,
Mon panache, mon siège au conseil des Castilles,
Vienne ma doña Sol, rouge et le front baissé,
Qu'on nous laisse tous deux, et le reste est passé !
Je n'ai rien vu, rien dit, rien fait, je recommence,
1940 J'efface tout, j'oublie ! Ou sagesse ou démence,
Je vous ai, je vous aime, et vous êtes mon bien !

DOÑA SOL

Que sur ce velours noir ce collier d'or fait bien !

HERNANI

Vous vîtes avant moi le roi mis de la sorte.

DOÑA SOL

Je n'ai pas remarqué. — Tout autre, que m'importe !
1945 Puis, est-ce le velours ou le satin encor ?

Non, mon duc. C'est ton cou qui sied au collier d'or !
Vous êtes noble et fier, monseigneur.

Il veut l'entraîner.

— Tout à l'heure ! —
Un moment ! — Vois-tu bien ? c'est la joie, et je pleure.
Viens voir la belle nuit !

Elle va à la balustrade.

— Mon duc, rien qu'un moment !
1950 Le temps de respirer et de voir seulement !
Tout s'est éteint, flambeaux et musique de fête.
Rien que la nuit et nous ! Félicité parfaite !
Dis, ne le crois-tu pas ? Sur nous, tout en dormant,
La nature à demi veille amoureusement.
1955 La lune est seule aux cieux, qui comme nous repose,
Et respire avec nous l'air embaumé de rose !
Regarde : plus de feux, plus de bruit. Tout se tait.
La lune tout à l'heure à l'horizon montait,
Tandis que tu parlais, sa lumière qui tremble
1960 Et ta voix, toutes deux m'allaient au cœur ensemble ;
Je me sentais joyeuse et calme, ô mon amant !
Et j'aurais bien voulu mourir en ce moment.

HERNANI

Ah ! qui n'oublîrait tout à cette voix céleste ?
Ta parole est un chant où rien d'humain ne reste.
1965 Et comme un voyageur sur un fleuve emporté,
Qui glisse sur les eaux par un beau soir d'été,
Et voit fuir sous ses yeux mille plaines fleuries,
Ma pensée entraînée erre en tes rêveries !

DOÑA SOL

Ce silence est trop noir. Ce calme est trop profond.
1970 Dis, ne voudrais-tu point voir une étoile au fond ?

Ou qu'une voix des nuits, tendre et délicieuse,
S'élevant tout-à-coup, chantât?...

HERNANI, *souriant.*

Capricieuse!
Tout à l'heure on fuyait la lumière et les chants!

DOÑA SOL

Le bal! — Mais un oiseau qui chanterait aux champs!
1975 Un rossignol, perdu dans l'ombre et dans la mousse,
Ou quelque flûte au loin!... — Car la musique est douce,
Fait l'âme harmonieuse, et, comme un divin chœur,
Éveille mille voix qui chantent dans le cœur!
— Ah! ce serait charmant!

On entend le bruit lointain d'un cor dans l'ombre.
— Dieu! je suis exaucée!

HERNANI, *tressaillant, à part.*

1980 Ah! malheureuse!

DOÑA SOL

Un ange a compris ma pensée, —
Ton bon ange sans doute?

HERNANI, *amèrement.*

Oui, mon bon ange!

À part.
Encor!...

DOÑA SOL, *souriant.*

Don Juan, je reconnais le son de votre cor!

HERNANI

N'est-ce pas?

DOÑA SOL

Seriez-vous dans cette sérénade
De moitié?

HERNANI

De moitié, tu l'as dit.

DOÑA SOL

Bal maussade!
1985 Ah! que j'aime bien mieux le cor au fond des bois[1]!
Et puis, c'est votre cor, c'est comme votre voix.

Le cor recommence.

HERNANI, *à part.*

Ah! le tigre est en bas qui hurle et veut sa proie!

DOÑA SOL

Don Juan, cette harmonie emplit le cœur de joie!...

HERNANI, *se levant terrible.*

Nommez-moi Hernani! nommez-moi Hernani!
1990 Avec ce nom fatal je n'en ai pas fini!

DOÑA SOL, *tremblante.*

Qu'avez-vous?

HERNANI

Le vieillard!

DOÑA SOL

Dieu! quels regards funèbres!
Qu'avez-vous?

HERNANI

Le vieillard qui rit dans les ténèbres!
— Ne le voyez-vous pas?

DOÑA SOL

Où vous égarez-vous?

Qu'est-ce que ce vieillard?

HERNANI

Le vieillard!

DOÑA SOL

À genoux

1995 Je t'en supplie, oh! dis! quel secret te déchire?
Qu'as-tu?

HERNANI

Je l'ai juré!

DOÑA SOL

Juré!

*Elle suit tous ses mouvements avec anxiété. Il s'arrête
tout à coup et passe la main sur son front.*

HERNANI, *à part.*

Qu'allais-je dire?

Épargnons-la.

Haut.

Moi, rien. De quoi t'ai-je parlé?

DOÑA SOL

Vous avez dit...

HERNANI

Non, non... j'avais l'esprit troublé...
Je souffre un peu, vois-tu. N'en prends pas d'épouvante.

DOÑA SOL

2000 Te faut-il quelque chose? ordonne à ta servante!

Le cor recommence.

HERNANI, *à part.*

Il le veut! il le veut! il a mon serment!

Cherchant son poignard.

— Rien.

Ce devrait être fait! — Ah!..

DOÑA SOL

Tu souffres donc bien?

HERNANI

Une blessure ancienne, et qui semblait fermée,
Se rouvre...

À part.

Éloignons-la.

Haut.

Doña Sol, bien-aimée,
2005 Écoute, ce coffret qu'en des jours moins heureux
Je portais avec moi...

DOÑA SOL

Je sais ce que tu veux.
Eh bien, qu'en veux-tu faire?

HERNANI

Un flacon qu'il renferme
Contient un élixir qui pourra mettre un terme
Au mal que je ressens... Va!

DOÑA SOL

J'y vais, monseigneur.

Elle sort par la porte de la chambre nuptiale.

SCÈNE QUATRIÈME

HERNANI, *seul.*

2010 Voilà donc ce qu'il vient faire de mon bonheur !
Voici le doigt fatal qui luit sur la muraille !
Oh ! que la destinée amèrement me raille !

> *Il tombe dans une profonde et convulsive rêverie, puis se
> détourne brusquement.*

Eh bien ?... — Mais tout se tait. Je n'entends rien venir.
Si je m'étais trompé !...

> *Le masque en domino noir paraît au haut de la rampe. —
> Hernani s'arrête pétrifié.*

SCÈNE CINQUIÈME

HERNANI, LE MASQUE

LE MASQUE

« Quoi qu'il puisse advenir,
2015 « Quand tu voudras, vieillard, quel que soit le lieu,
[l'heure,
« S'il te passe à l'esprit qu'il est temps que je meure,
« Viens, sonne de ce cor, et ne prends d'autres soins.
« Tout sera fait. » — Ce pacte eut les morts pour témoins.
Eh bien, tout est-il fait ?

HERNANI, *à voix basse.*

C'est lui !

LE MASQUE

                    Dans ta demeure
2020 Je viens, et je te dis qu'il est temps. C'est mon heure.
Je te trouve en retard.

HERNANI

                    Bien. Quel est ton plaisir?
Que feras-tu de moi? Parle.

LE MASQUE

                    Tu peux choisir
Du fer ou du poison. Ce qu'il faut, je l'apporte.
Nous partirons tous deux.

HERNANI

                    Soit

LE MASQUE

                    Prions-nous?

HERNANI

                                        Qu'importe!

LE MASQUE

2025 Que prends-tu?

HERNANI

            Le poison.

LE MASQUE

                    Bien! Donne-moi ta main.
Il présente une fiole à Hernani, qui la reçoit en pâlissant.
Bois, pour que je finisse.

            Hernani approche la fiole de ses lèvres, puis recule.

HERNANI

Oh ! par pitié ! demain ! —
Oh ! s'il te reste un cœur, duc, ou du moins une âme ;
Si tu n'es pas un spectre échappé de la flamme ;
Un mort damné, fantôme ou démon désormais ;
2030 Si Dieu n'a point encor mis sur ton front : « Jamais ! »
Si tu sais ce que c'est que ce bonheur suprême
D'aimer, d'avoir vingt ans, d'épouser quand on aime ;
Si jamais femme aimée a tremblé dans tes bras,
Attends jusqu'à demain. — Demain tu reviendras !

LE MASQUE

2035 Simple qui parle ainsi ! demain ! demain ! — tu railles !
Ta cloche a ce matin sonné tes funérailles !
Et que ferais-je, moi, cette nuit ? J'en mourrais.
Et qui viendrait te prendre et t'emporter après ?
Seul descendre au tombeau ! Jeune homme, il faut me
[suivre !

HERNANI

2040 Eh bien, non ! et de toi, démon, je me délivre !
Je n'obéirai pas.

LE MASQUE

Je m'en doutais. — Fort bien.
Sur quoi donc m'as-tu fait ce serment ? Ah ! sur rien.
Peu de chose après tout ! La tête de ton père.
Cela peut s'oublier. La jeunesse est légère.

HERNANI

2045 Mon père ! — Mon père !... — Ah ! j'en perdrai la
[raison !...

LE MASQUE

Non, ce n'est qu'un parjure et qu'une trahison.

HERNANI

Duc!...

LE MASQUE

Puisque les aînés des maisons espagnoles
Se font jeu maintenant de fausser leurs paroles,

Il fait un pas pour sortir.

Adieu!

HERNANI

Ne t'en va pas.

LE MASQUE

Alors...

HERNANI

Vieillard cruel!

Il prend la fiole.

2050 Revenir sur mes pas à la porte du ciel!..

*Rentre doña Sol, sans voir le masque qui est debout près
de la rampe au fond du théâtre.*

SCÈNE SIXIÈME

LES MÊMES, DOÑA SOL

DOÑA SOL

Je n'ai pu le trouver, ce coffret.

HERNANI, *à part.*

Dieu! c'est elle!

Dans quel moment!

DOÑA SOL

Qu'a-t-il? je l'effraie, il chancelle
À ma voix! — Que tiens-tu dans ta main? quel soupçon!
Que tiens-tu dans ta main? réponds.

*Le domino se démasque. Elle pousse un cri et reconnaît
don Ruy.*

— C'est du poison!

HERNANI

2055 Grand Dieu!

DOÑA SOL, *à Hernani.*

Que t'ai-je fait? quel horrible mystère!...
Vous me trompiez, don Juan!...

HERNANI

Ah! j'ai dû te le taire.
J'ai promis de mourir au duc qui me sauva.
Aragon doit payer cette dette à Silva.

DOÑA SOL

Vous n'êtes pas à lui, mais à moi. Que m'importe
2060 Tous vos autres serments!

À don Ruy Gomez.

Duc, l'amour me rend forte.
Contre vous, contre tous, duc, je le défendrai.

DON RUY GOMEZ, *immobile.*

Défends-le, si tu peux, contre un serment juré.

DOÑA SOL

Quel serment?

HERNANI

J'ai juré.

DOÑA SOL

Non, non ; rien ne te lie ;
Cela ne se peut pas ! crime, attentat, folie !

DON RUY GOMEZ

2065 Allons, duc !

Hernani fait un geste pour obéir. Doña Sol cherche a
l'arrêter.

HERNANI

Laissez-moi, doña Sol, il le faut.
Le duc a ma parole, et mon père est là-haut !

DOÑA SOL, *à don Ruy.*

Il vaudrait mieux pour vous aller aux tigres même
Arracher leurs petits, qu'à moi celui que j'aime.
Savez-vous ce que c'est que doña Sol ? Longtemps,
2070 Par pitié pour votre âge et pour vos soixante ans,
J'ai fait la fille douce, innocente et timide ;
Mais voyez-vous cet œil de pleurs de rage humide ?

Elle tire un poignard de son sein.

Voyez-vous ce poignard ? Ah ! vieillard insensé,
Craignez-vous pas le fer quand l'œil a menacé ?
2075 Prenez garde, don Ruy ! — je suis de la famille,
Mon oncle ! — écoutez-moi, fussé-je votre fille,
Malheur si vous portez la main sur mon époux !...

Elle jette le poignard, et tombe à genoux devant le duc.

Ah ! je tombe à vos pieds ! Ayez pitié de nous !
Grâce ! hélas ! monseigneur, je ne suis qu'une femme,
2080 Je suis faible, ma force avorte dans mon âme,

Je me brise aisément, je tombe à vos genoux!
Ah! je vous en supplie, ayez pitié de nous!

DON RUY GOMEZ

Doña Sol!

DOÑA SOL

Pardonnez! Nous autres espagnoles,
Notre douleur s'emporte à de vives paroles,
2085 Vous le savez. Hélas! vous n'étiez pas méchant!
Pitié! Vous me tuez, mon oncle, en le touchant!
Pitié! je l'aime tant!...

DON RUY GOMEZ, sombre.

Vous l'aimez trop!

HERNANI

Tu pleures!

DOÑA SOL

Non, non, je ne veux pas, mon amour, que tu meures!
Non, je ne le veux pas.

À don Ruy.

Faites grâce aujourd'hui;
2090 Je vous aimerai bien aussi, vous.

DON RUY GOMEZ

Après lui!
De ces restes d'amour, d'amitié, — moins encore, —
Croyez-vous apaiser la soif qui me dévore?

Montrant Hernani.

Il est seul! il est tout! mais moi, belle pitié!
Qu'est-ce que je peux faire avec votre amitié?

2095 Ô rage ! il aurait, lui, le cœur, l'amour, le trône,
Et d'un regard de vous il me ferait l'aumône !
Et s'il fallait un mot à mes vœux insensés
C'est lui qui vous dirait : — Dis cela, c'est assez ! —
En maudissant tout bas le mendiant avide
2100 Auquel il faut jeter le fond du verre vide !
Honte ! dérision ! Non, il faut en finir.
Bois !

HERNANI

Il a ma parole, et je dois la tenir.

DON RUY GOMEZ

Allons !

> *Hernani approche la fiole de ses lèvres. Doña Sol se jette
> sur son bras.*

DOÑA SOL

Oh ! pas encor ! Daignez tous deux m'entendre.

DON RUY GOMEZ

Le sépulcre est ouvert, et je ne puis attendre.

DOÑA SOL

Un instant, monseigneur ! mon don Juan ! — Ah ! tous
[deux
Vous êtes bien cruels ! — Qu'est-ce que je veux d'eux ?
Un instant ! voilà tout... tout ce que je réclame !
Enfin, on laisse dire à cette pauvre femme
Ce qu'elle a dans le cœur !... — Oh ! laissez-moi parler !...

DON RUY GOMEZ, *à Hernani*

2110 J'ai hâte.

DOÑA SOL

Messeigneurs! vous me faites trembler!
Que vous ai-je donc fait?

HERNANI

Ah! son cri me déchire.

DOÑA SOL, *lui retenant toujours le bras.*

Vous voyez bien que j'ai mille choses à dire!

DON RUY GOMEZ, *à Hernani.*

Il faut mourir.

DOÑA SOL, *toujours pendue au bras d'Hernani.*

Don Juan, lorsque j'aurai parlé,
Tout ce que tu voudras, tu le feras.

Elle lui arrache la fiole.

Je l'ai.

Elle élève la fiole aux yeux d'Hernani et du vieillard étonné.

DON RUY GOMEZ

2115 Puisque je n'ai céans affaire qu'à deux femmes,
Don Juan, il faut qu'ailleurs j'aille chercher des âmes.
Tu fais de beaux serments par le sang dont tu sors,
Et je vais à ton père en parler chez les morts!
— Adieu!...

Il fait quelques pas pour sortir. Hernani le retient.

HERNANI

Duc, arrêtez.

À doña Sol.

Hélas! je t'en conjure,
2120 Veux-tu me voir faussaire, et félon, et parjure?

Veux-tu que partout j'aille avec la trahison
Écrite sur le front? Par pitié, ce poison,
Rends-le moi! Par l'amour, par notre âme immortelle...

DOÑA SOL, *sombre.*

Tu veux '

Elle boit.

Tiens maintenant.

DON RUY GOMEZ, *à part.*

Ah! c'était donc pour elle!

DOÑA SOL, *rendant à Hernani la fiole à demi vidée.*
2125 Prends, te dis-je.

HERNANI, *à don Ruy.*

Vois-tu, misérable vieillard?

DOÑA SOL

Ne te plains pas de moi, je t'ai gardé ta part.

HERNANI, *prenant la fiole.*

Dieu!

DOÑA SOL

Tu ne m'aurais pas ainsi laissé la mienne,
Toi!... Tu n'as pas le cœur d'une épouse chrétienne,
Tu ne sais pas aimer comme aime une Silva.
2130 Mais j'ai bu la première et suis tranquille. — Va!
Bois si tu veux!

HERNANI

Hélas! qu'as-tu fait, malheureuse?

DOÑA SOL

C'est toi qui l'as voulu.

HERNANI

C'est une mort affreuse!

DOÑA SOL

Non. — Pourquoi donc?

HERNANI

Ce philtre au sépulcre conduit.

DOÑA SOL

Devions-nous pas dormir ensemble cette nuit?
2135 Qu'importe dans quel lit!

HERNANI

Mon père, tu te venges
Sur moi qui t'oubliais!

Il porte la fiole à sa bouche.

DOÑA SOL, *se jetant sur lui.*

Ciel! des douleurs étranges!...
Ah! jette loin de toi ce philtre!... ma raison
S'égare. — Arrête! hélas! mon don Juan! ce poison
2140 Est vivant, ce poison dans le cœur fait éclore
Une hydre à mille dents qui ronge et qui dévore!
Oh! je ne savais pas qu'on souffrît à ce point!
Qu'est-ce donc que cela? c'est du feu! ne bois point!
Oh! tu souffrirais trop!

HERNANI, *à don Ruy.*

Ah! ton âme est cruelle!
Pouvais-tu pas choisir d'autre poison pour elle?

Il boit et jette la fiole.

DOÑA SOL

2145 Que fais-tu?

HERNANI

Qu'as-tu fait?

DOÑA SOL

Viens, ô mon jeune amant,
Dans mes bras.

Ils s'asseyent l'un près de l'autre.

N'est-ce pas qu'on souffre horriblement?

HERNANI

Non.

DOÑA SOL

Voilà notre nuit de noces commencée!
Je suis bien pâle, dis, pour une fiancée?

HERNANI

Ah!

DON RUY GOMEZ

La fatalité s'accomplit.

HERNANI

Désespoir!
2150 Ô tourment! doña Sol souffrir, et moi le voir!

DOÑA SOL

Calme-toi. Je suis mieux. — Vers des clartés nouvelles
Nous allons tout-à-l'heure ensemble ouvrir nos ailes.

Partons d'un vol égal vers un monde meilleur.
Un baiser seulement, un baiser !

> *Ils s'embrassent.*

DON RUY GOMEZ

Ô douleur !

HERNANI, *d'une voix affaiblie.*

2155 Oh ! béni soit le ciel qui m'a fait une vie
D'abîmes entourée et de spectres suivie,
Mais qui permet que, las d'un si rude chemin,
Je puisse m'endormir, ma bouche sur ta main !

DON RUY GOMEZ

Qu'ils sont heureux !

HERNANI, *d'une voix de plus en plus faible.*

Viens... viens... doña Sol, tout est sombre...
2160 Souffres-tu ?

DOÑA SOL, *d'une voix également éteinte.*

Rien, plus rien

HERNANI

Vois-tu des feux dans l'ombre ?

DOÑA SOL

Pas encor.

HERNANI, *avec un soupir.*

Voici...

> *Il tombe.*

DON RUY GOMEZ, *soulevant sa tête qui retombe.*

Mort !

DOÑA SOL, *échevelée et se dressant à demi sur son séant.*

Mort ! non pas !... nous dormons.
Il dort ! c'est mon époux, vois-tu, nous nous aimons,
Nous sommes couchés là. C'est notre nuit de noce.

D'une voix qui s'éteint.

Ne le réveillez pas, seigneur duc de Mendoce..
2165 Il est las.

Elle retourne la figure d'Hernani.

Mon amour, tiens-toi vers moi tourné.
Plus près... plus près encor ..

Elle retombe.

DON RUY GOMEZ

Morte !... Oh ! je suis damné !..

Il se tue

DOSSIER

REPÈRES BIOGRAPHIQUES
1802-1885

(Nota : Lorsque le titre d'une œuvre est donné sans la précision « écriture de », la date qui le précède est celle de sa publication.)

1802. *26 février* : naissance de Victor Hugo à Besançon, ville jadis incluse dans l'empire de Charles-Quint, puis dans le royaume des Habsbourg d'Espagne. *Novembre* : sa mère, Sophie née Trébuchet, va séjourner un an à Paris, où elle devient probablement la maîtresse du général Lahorie, parrain de V.H.

1804. *Janvier* : Sophie décide de se séparer de fait de son mari, le commandant Léopold Hugo ; s'installe à Paris avec ses trois fils, Abel (six ans), Eugène (quatre ans), Victor (deux ans).

1806. Léopold poursuit avec succès les « maquisards » du royaume de Naples, contribue à l'arrestation de leur chef Michel Pezza (Fra Diavolo), est nommé colonel.

1808. Séjour malheureux à Naples de Sophie avec ses fils.

1809. Retour à Paris, installation aux Feuillantines, où Sophie héberge clandestinement Lahorie, recherché pour complot contre l'Empire.

1810. Léopold en Espagne depuis 1808, au service direct de Joseph Bonaparte, bat le chef des « guerilleros » Juan Martin (« l'Empecinado »), est nommé général, reçoit le titre de comte et d'importantes donations — tous avantages qu'il perdra à la Restauration. *Décembre* : arrestation de Lahorie aux Feuillantines.

1811-1812. Séjour de Sophie à Madrid après un voyage pittoresque dans l'Espagne insurgée ; ses deux plus jeunes fils sont séparés d'elle par leur père et mis en pension dans le « Collège des Nobles ».

1812. Retour à Paris ; réinstallation aux Feuillantines. *Novembre :* le général Lahorie est fusillé. — Année probable de l'écriture des premières œuvres dramatiques de V.H. : une comédie, *L'Enfer sur terre ;* un drame, *Le Château du diable.*

1814. *Mai :* procédure de divorce engagée entre Sophie et Léopold.

1815. *Février :* Eugène et Victor retirés à Sophie par leur père et mis en pension chez le maître Cordier.

1816. V.H. écrit une tragédie, *Irtamène.*

1817. *Août :* Mention d'encouragement au Concours de Poésie de l'Académie française. — *Septembre-novembre :* écriture des deux premiers actes d'une tragédie, *Athélie ou les Scandinaves* puis d'un opéra-comique *A.Q.C.H.E.B.* (« À quelque chose hasard est bon »).

1818. *Février :* jugement de séparation des époux Hugo en faveur de la mère.

1819. *Avril :* fiançailles secrètes de V.H. avec sa compagne de jeux des Feuillantines, Adèle Foucher. Écriture d'un mélodrame, *Inez de Castro.*

1820. *Avril :* V.H. reçoit le titre de Maître ès Jeux Floraux de l'Académie de Toulouse. — Sa mère s'oppose à son mariage.

1821. *Juin :* mort de Sophie. *Septembre :* mariage de Léopold avec Catherine Thomas, sa maîtresse depuis 1803.

1822. V.H. offre asile chez lui à son ami Delon, recherché par la police pour participation à un complot républicain. *Juin : Odes et Poésies diverses.* Pension royale. — *Octobre :* mariage avec Adèle Foucher. — *Décembre :* crise de la démence de son frère Eugène, qui n'a cessé de s'aggraver depuis la mort de leur mère. — Le drame *Inez de Castro* (voir 1819) reçu au « Panorama dramatique », petit théâtre d'avant-garde, et aussitôt interdit par la censure.

1823. *Janvier :* Léopold et sa nouvelle femme à Paris ; relations désormais affectueuses du père et du fils. *Février :* le roman *Han d'Islande. Juin :* internement d'Eugène à l'asile de Saint-Maurice.

1824. *Avril :* naissance de Léopoldine, fille aînée du poète.

1825. *Mai :* assistance officielle de V.H. au sacre de Charles X à Reims.

1826. *Janvier* : *Bug-Jargal* (version romanesque d'un récit publié en 1820). *Novembre* : naissance de Charles, fils aîné de V.H. — *Odes et Ballades*.

1827. *Février* : *Ode à la Colonne de la Place Vendôme* (signe manifeste d'une évolution politique). — *Décembre* : *Cromwell* et sa *Préface*.

1828. *Janvier* : mort de Léopold. — *Février* : désastreuse et unique représentation à l'Odéon d'un drame en prose, *Amy Robsart*. — *Octobre* : naissance de François-Victor, deuxième fils du poète.

1829. *Janvier* : *Les Orientales*. *Février* : *Le Dernier Jour d'un condamné*. — *Août* : *Marion Delorme*, reçue à la Comédie-Française, aussitôt interdite par la censure. Écriture de *Hernani*.

1830. *25 février* : première de *Hernani*. *Du 4 mars au 4 avril* : publication de *Hernani*, acte par acte, dans la revue *Le Cabinet de lecture*. — *13 mars* : publication de *Hernani* chez l'éditeur Mame. — *Août* : naissance d'Adèle, deuxième fille de V.H. Ode *À la jeune France* (glorification de l'insurrection de Juillet).

1831. *Mars* : *Notre-Dame de Paris*. — *Novembre* : *Les Feuilles d'automne*.

1832. *Octobre* : installation place Royale (6 place des Vosges). — *Novembre* : *Le Roi s'amuse,* drame en vers, première à la Comédie-Française et interdiction immédiate.

1833. *Lucrèce Borgia*, drame en prose, représenté au théâtre de la Porte-Saint-Martin. — Début de l'union quasi conjugale de V.H. avec l'actrice Juliette Drouet. — *Marie Tudor*, drame en prose, représenté à la Porte-Saint-Martin.

1834. *Juillet* : *Claude Gueux*.

1835. *Avril* : *Angelo, tyran de Padoue*, drame en prose, représenté à la Comédie-Française. — *Octobre* : *Les Chants du crépuscule*.

1837. *Février* : mort d'Eugène, frère de V.H., à l'asile de Saint-Maurice. — *Juin* : *Les Voix intérieures*. — Invitation à Versailles par le duc d'Orléans, en qui V.H. place ses espoirs d'une monarchie libérale et sociale.

1838. *Novembre* : *Ruy Blas*, drame en vers, représenté au théâtre de la Renaissance créé à l'instigation de V.H. et Dumas.

1839. Écriture qui restera inachevée d'un drame en vers, *Les Jumeaux*.

1840. *Mai* : *Les Rayons et les Ombres*.

1841. *Janvier* : élection à l'Académie française après cinq candidatures (depuis 1836).

1842. *Janvier* : *Le Rhin*, lettres de voyage avec une conclusion sur l'avenir de l'Europe. — *Juillet :* mort du duc d'Orléans (voir 1837).

1843. *Janvier :* « désolant bonheur » pour V.H. du mariage de Léopoldine. — *Mars : Les Burgraves*, drame en vers, représenté à la Comédie-Française. — *Juillet-septembre :* voyage au pays basque, imprégné des souvenirs de 1811. — *4 septembre :* Léopoldine et son mari se noient dans la Seine, près de Villequier. Début probable de la liaison passionnée de V.H. avec Léonie Biard.

1845. *Avril :* nomination comme pair de France — *Juillet :* flagrant délit d'adultère de Mme Biard avec V.H. — *Novembre :* commencement du roman qui restera inachevé en 1848 et sera transformé par l'écriture des *Misérables* (voir 1860).

1846-1847. Plusieurs discours à la Chambre des pairs, entre autres contre le maintien en exil de la famille Bonaparte.

1848. *Juin :* élu comme député de Paris, V.H. se trouve du côté des forces de l'ordre contre l'insurrection prolétarienne. — *Juillet :* déménagement par prudence rue d'Isly. — Intervention en faveur des insurgés emprisonnés. — *Novembre :* soutien à la candidature de Louis Bonaparte à la présidence de la République.

1849. *Avril :* discours à l'Assemblée constituante pour la liberté du théâtre, contre la censure par le pouvoir. *Mai :* élu dans les rangs du parti de l'ordre comme député de Paris à l'Assemblée législative. — *Juillet :* discours affirmant la possibilité de la disparition totale de la misère.

1850. *Janvier :* discours contre la politique cléricale du gouvernement.

1851. *Juillet :* discours dénonçant l'ambition impériale du président Louis Bonaparte, et la menace de coup d'État. *Décembre :* du 2 au 6, au premier rang dans la tentative de lutte contre le coup d'État ; le 11, départ clandestin pour Bruxelles. — Commencement immédiat de l'élaboration de l'*Histoire d'un crime.*

1852. *Janvier :* décret d'expulsion du territoire français visant V.H. et 65 autres députés. — *Août :* installation avec sa famille à Jersey (Marine-Terrace). — *Napoléon-le-petit.*

1853. *Novembre : Châtiments.*

1854. Communications spirites avec l'au-delà... Intense production poétique qui se poursuivra jusqu'en 1860 et aboutira pour une part importante à des publications posthumes (*La Fin de Satan, Dieu,* etc.).

1855. *Octobre* : expulsion de Jersey pour cause de solidarité politique avec l'auteur d'un article injurieux envers la reine d'Angleterre ; installation à Guernesey.

1856. *Avril : Les Contemplations.* — *Mai* : achat à St-Pierre-Port, 38 Hauteville-Street, de la maison que Hugo baptise Hauteville-House.

1859. *Août* : refus de bénéficier de l'amnistie des proscrits. *Septembre : La Légende des siècles* (première série).

1860. *Avril* : reprise du roman commencé en 1845 qui devient *Les Misérables.*

1862. *Mars-juin : Les Misérables.*

1864. *Avril : William Shakespeare.* Commencement de l'écriture des *Travailleurs de la mer* (titre définitif).

1865. *Juin* : écriture d'une comédie en vers, *La Grand-mère.* — *Octobre : Les Chansons des rues et des bois.* — Mariage de son fils Charles à Bruxelles, où les siens se sont installés.

1866. *Février-mars* : écriture d'un drame en prose, *Mille francs de récompense.* — *Mars : Les Travailleurs de la mer. Mai* : écriture d'une comédie en prose, *L'Intervention.*

1867. *Février-mars* : écriture d'un drame en vers : *Mangeront-ils?* (l'une des principales pièces publiées en 1886 dans le recueil *Théâtre en liberté*). *Mai : Paris,* texte à la gloire de la capitale. *Juin* : reprise de *Hernani* à Paris à la faveur de l'Exposition Internationale. *Novembre : La Voix de Guernesey,* poème en hommage à Garibaldi, à qui V.H. offre l'hospitalité.

1868. *Août* : le 16, naissance du fils de Charles, Georges Hugo ; le 27, mort d'Adèle, femme de V.H.

1869. *Janvier* : écriture d'une comédie en vers, *Margarita.* — *Janvier-février* : écriture d'un drame en vers, *L'Épée.* — *Mars-avril* : écriture d'une comédie en vers, *Esca* — *Avril-mai : L'homme qui rit. Mai-juin* : écriture d'un drame en vers, *Torquemada.* — *Septembre* : naissance de la fille de Charles, Jeanne Hugo.

1870. *Juillet* : plantation à Hauteville-House du « chêne des États-Unis d'Europe ». — *5 septembre* : retour triomphal à Paris au lendemain de la proclamation de la République

1871. *Février* : élu en deuxième place comme député de Paris. *Mars* : démissionne de l'Assemblée constituante à majorité royaliste ; mort soudaine de son fils Charles, qui est enterré à Paris où le peuple, ce jour-là (18), vient de s'insurger contre le gouvernement qui s'est transféré de Bordeaux à Versailles ; le 21, V.H. part pour Bruxelles régler les dettes de Charles. — Critique les conditions dans lesquelles se constitue la Commune de Paris. — *Mai :* offre asile aux « communards » ; est exilé de Belgique. *Juin :* s'installe à Vianden, dans le duché du Luxembourg. *Septembre :* rentre à Paris pour intervenir auprès de Thiers en faveur des « communards » arrêtés.

1872. *Janvier :* échec aux élections partielles à Paris. — *Février :* sa fille Adèle, à la poursuite d'une folle passion depuis 1864, est ramenée à Paris et internée dans une « maison de santé ». — *Avril : L'Année terrible.* — *Août :* séjour volontaire à Guernesey.

1873. *Juillet :* retour à Paris. — *Décembre :* mort de son fils François-Victor.

1874. *Février : Quatre-vingt-treize.* — *Octobre : Mes Fils.*

1875. *Actes et Paroles :* I. *Avant l'exil,* II. *Pendant l'exil.*

1876. Élu sénateur de la Seine, intervient inlassablement pour l'amnistie de tous les « communards ». *Actes et Paroles :* III. *Depuis l'exil.*

1877. *Février : La Légende des siècles* (nouvelle série). *Mai : L'Art d'être grand-père.* — *Octobre :* contre la menace du coup d'État de Mac-Mahon, *Histoire d'un crime* (1re partie, cf. 1851).

1878. *Histoire d'un crime* (2e partie). *Avril : Le Pape.* — *Juin :* congestion cérébrale. *Juillet-septembre :* repos à Guernesey.

1879. *Février : La Pitié suprême.* — *Avril :* installation dans son dernier domicile, avenue d'Eylau (qui va devenir l'avenue Victor Hugo).

1880. *Avril : Religions et Religion. Octobre : L'Âne.*

1881. *Mai : Les Quatre Vents de l'esprit* (recueil comportant les deux comédies écrites en 1869 ; à peu près tout ce que V.H. publie depuis 1878 a été écrit pendant l'exil).

1882. *Mai : Torquemada* (voir 1869).

1883. *Mai :* mort de Juliette Drouet. — *Juin : La Légende des siècles* (dernière série).

1885. *22 mai :* mort de Victor Hugo. — *Le 1er juin,* funérailles nationales : Arc de Triomphe et Panthéon. — Hommage spontané d'une grande fête populaire.

REGARDS SUR LE RENOUVELLEMENT
DU VERS DANS *HERNANI*

La force de la « révolution » de l'art poétique dans *Hernani* est fonction d'une dualité paradoxale : c'est à l'intérieur même du système classique de la versification que Hugo a fait éclater le carcan de l'alexandrin, qu'il a diversifié la place de la césure et rehaussé les effets de la rime.

Pour faire apparaître avec quelque précision cette dualité, il m'a paru bon de comparer en leurs aspects dits formels le drame de Hugo avec une tragédie de Racine. Le choix était inévitablement arbitraire : il aurait pu se porter sur la plus « racinienne », *Bérénice*, ou sur celle qui traite à sa manière le thème de « trois pour une », *Mithridate*; j'ai préféré *Britannicus*, apparenté à *Hernani* par certains aspects de son intrigue (amants heureux et persécutés, jalousies, ambition...), par sa vigueur dramatique, par sa couleur historique. La confrontation correspondra à mon propos, dans la mesure même où, sur un fond d'identités, les dissemblances ressortiront davantage.

Les dénombrements sur lesquels je m'appuierai comportent une marge d'erreurs, faute d'avoir été exécutés par une machine (mais était-ce toujours possible?). Je suis persuadé que cette marge est assez réduite pour ne pas risquer d'invalider mes commentaires.

I. FRACTURES DE L'ALEXANDRIN

a) Dans le dialogue :

Deux remarques à propos de ce tableau :

— Le nombre et le pourcentage des fractures en deux, trois et

Nombres de segments selon le nombre des répliques dans un vers	Nombres de vers ainsi fragmentés et pourcentages de ces vers			
	dans HERNANI		dans BRITANNICUS	
— 2 —	328	15,14 %	49	2,7 %
— 3 —	72	3,3 %	6	0,3 %
— 4 —	12	0,5 %	1	0,05 %
— 6 —	1	0,04 %	0	0

quatre segments, sont considérablement plus élevés dans *Hernani*. Et l'écart par rapport à la versification régulière y est d'autant plus grand que la fragmentation en deux segments n'y correspond à la césure à l'hémistiche que dans moins d'un tiers des cas ; dans *Britannicus*, les quarante-neuf vers fragmentés en deux segments par le dialogue le sont toujours à l'hémistiche. Les déplacements de la césure traditionnelle sont donc encore plus importants qu'il n'y paraît dans *Hernani*.

— Ces nombres et cette différence ont pour principal intérêt de manifester l'importance des dialogues rapides dans *Hernani*, correspondant à l'intensité des émotions et à la vivacité des conflits. Ainsi quand, dans la scène des portraits, Ruy Gomez est sur le point de livrer Hernani à Don Carlos (acte III, scène 6) :

DON RUY GOMEZ

Il s'avance en chancelant jusqu'à son portrait, puis se retourne encore vers le roi.

Tu le veux ?

DON CARLOS

Oui.

Le duc lève en tremblant la main vers le ressort.

DOÑA SOL

Dieu !

DON RUY GOMEZ

Non !

> Il se jette aux genoux du roi.

Par pitié, prends ma tête !

(v. 1242.)

On voit aussi comme la parole se joint au geste dans le drame de Hugo. Et nous sommes près de six fragments de l'alexandrin, tellement il se trouve rompu.

b) Dans l'élocution d'un seul personnage

Sans donner ici des dénombrements exhaustifs, j'accorderai plus d'importance à l'illustration des faits. S'il y avait dans *Hernani* effacement complet parfois de la coupe à l'hémistiche, le déplacement de la coupe principale n'aurait pas — sauf pour une oreille très habituée à l'alexandrin régulier — autant de relief qu'il en accuse. Mais Hugo a toujours donné quelque accent, même très faible, à la sixième syllabe, à tout le moins parce qu'il la fait venir à la fin d'un mot ou sur un monosyllabe. Il y a plus : loin d'éviter systématiquement la césure à l'hémistiche, il se plaît à la fortifier par la syntaxe et le sens ; ainsi dans ces vers :

> *Vous voulez d'un brigand ? voulez-vous d'un banni ?* (v. 170.)
> *Honorant les vieillards et protégeant les filles.* (v. 224.)
> *Vous savez qui je suis et je sais qui vous êtes.* (v. 589.)

(On peut observer que ce n'est pas la fameuse antithèse hugolienne qui s'impose dans cette structure binaire.)

— On a fait un sort excessif à ce qu'on appelle le « trimètre romantique », du moins si on ne désigne par là qu'un alexandrin dont les trois segments égaux (4/4/4) sont symétriques à tous égards. On n'en trouve que trois dans *Hernani*[1] — aux vers 1052, 1769, et au célèbre vers 681.

> *Je suis banni ! je suis proscrit ! je suis funeste !*

---

1. Il semble bien que ce sont les trois premiers de ce type que Hugo ait écrits (cf. Yves Le Hir, « Aspects du vers ternaire dans *Hernani* », *Victor Hugo*, 2, éd. Minard, 1988). Cette nouveauté leur confère tout de même quelque importance

(encore « funeste » n'est-il pas du même champ sémantique que les deux premiers adjectifs).

— Bien plus fréquente la venue de la césure avant et parfois après l'hémistiche. Laissons de côté les exclamatifs monosyllabiques en début de vers : dans le mouvement syntaxique de la phrase, ils n'introduisent pas une véritable coupe, et Racine n'en est pas plus avare que Hugo[1].

Pour le reste, de fortes coupes en dehors de la sixième syllabe sont exceptionnelles dans *Britannicus* : on en relève trois, aux vers 191, 299, 559. — Au contraire, dans *Hernani*, toutes les principales variations se rencontrent plusieurs fois. Illustrons chacune d'elles :

> *Il fuit. Déjà peut-être il est dans son palais.* (v. 643.)
> *Je vous hais. Nous aimons tous deux la même femme.* (v. 569.)
> *Leur haine vit. Pour eux la paix n'est point venue.* (v. 99.)
> *Des bandits morts il reste un chef. Qui le recèle ?* ((v. 1126.)
> *Ce n'est pas ton bandit qui te tient, c'est le roi !* (v. 488.)

Bien des fois il n'y a plus une césure, mais plusieurs coupes fortes qui démantibulent l'alexandrin. Un seul exemple

> *Je suis à vous. Pourquoi fais-je ainsi ? Je l'ignore.* (v. 155.)

Ces dislocations de l'alexandrin sont particulièrement frappantes dans *Hernani* en raison des rejets et contre-rejets, en toute rigueur absents de *Britannicus*. Ni l'un ni l'autre en effet ne doivent se confondre avec l'enjambement, qui ne consiste qu'à prolonger la phrase sur tout le vers suivant, ou du moins sur plusieurs des mots de son début. Il n'y a rejet ou contre-rejet que si, d'un ensemble syntaxique nettement délimité, la fin se trouve au commencement d'un vers (rejet) ou le début à la rime d'un vers (contre-rejet), — effet d'autant plus net que ce début ou cette fin consiste en un seul mot important. Deux exemples de rejets dans *Hernani* :

> *... il fait les doux yeux / À l'empire !* (v. 338-339.)
> *Ils font bien de choisir pour une telle affaire*
> *Un sépulcre...* (v. 1135-1136 `

---

1. On trouve autant de « Ah ! » au début du vers dans une pièce que dans l'autre. « Quoi ! » est même cinq fois plus fréquent dans *Britannicus* que dans *Hernani* (« Guerre à la rhétorique ! »). En revanche le « Oh ! », absent de *Britannicus*, rivalise avec le « Ah ! » dans *Hernani* : cet exclamatif serait-il typiquement romantique ? Sujet d'étude bien pointu, qu'il serait piquant d'explorer.

Souvent, c'est un verbe de mouvement qui surgit ainsi fortement .

> *Parmi ses montagnards, libres, pauvres et graves,*
> *Je grandis...* (v. 135-136.)

Ou plus fantastique cette double vision :

> *... S'il est vrai qu'en son lit solitaire*
> *Parfois une grande ombre, au bruit que fait la terre,*
> *S'éveille, et que soudain son tombeau large et clair*
> *S'entrouvre...* (v. 1573-1576.)

De cette construction, de ce mouvement, les effets sont plus divers qu'on ne pourrait le penser ; au lieu de la manifestation d'une force, voici la sensation concrète et douloureuse de la perte :

> *... Quand le bruit de vos pas*
> *S'efface, alors je crois que mon cœur ne bat pas.* (v. 157-158.)

Le contre-rejet est moins fréquent, et son effet est moins fort que celui du rejet, du fait que le mot à la rime a de toute façon, même si l'enjambement peut l'atténuer, un accent spécifique. Néanmoins, on mesure son importance au relief qu'il donne à un mot qui sans lui pourrait passer presque inaperçu :

> *HERNANI : ... te voilà donc mon rival ! Un instant*
> *Entre aimer et haïr je suis resté flottant,* (v. 385-386).

Surtout, il se joint souvent à un rejet et l'un et l'autre se renforcent mutuellement ; ainsi aux vers : 989-991 :

> *... Tu me crois peut-être*
> *Un homme comme sont tous les autres, un être*
> *Intelligent, qui court droit au but qu'il rêva.*

(De plus, le contre-rejet n'est ici pleinement signifiant que par rapport au mot qui suit deux vers plus loin : Hernani n'est pas « un être », il est — ou il se dit — « une force ».)

II. EFFETS DE LA RIME

a) *Dominantes vocaliques*

Le point d'appui de la rime est la voyelle de la dernière syllabe du vers. Bien entendu, la rime est essentiellement un phénomène sonore : il s'agit donc de phonèmes vocaliques, indépendamment de la façon dont ils sont transcrits. En toute rigueur ils ne peuvent être représentés que par l'un des sigles de l'alphabet phonétique international. Pour être lu plus aisément, j'ai préféré les transcrire ici par la lettre qui leur correspond le plus usuellement en français : ainsi dans *roi* il y a une rime en *a*, comme dans *laid* une rime en *è*. Il faut distinguer d'autre part, selon le mode d'articulation, des voyelles ouvertes (telles que *a*, *è*, ou *o* comme dans *porte*) et des voyelles fermées (telles que *u* ou *é* comme dans *clé*).

Étant donné qu'il y a 1 768 vers dans *Britannicus* et 2 166 dans *Hernani*, je n'ai pris en compte, pour la justesse de la comparaison, que les 1 700 premiers vers de chacune de ces pièces — soit 850 rimes. En outre, je n'ai retenu que les voyelles pour lesquelles les écarts étaient les plus élevés et les plus significatifs. Il en ressort qu'à la rime, dans *Hernani*, deux voyelles ouvertes (*a*, et *o* comme dans *porte*) sont plus fréquentes, deux voyelles fermées (*é* et *u*) plus rares que dans *Britannicus* :

Voyelles ouvertes Écart.....	*a*	*Britannicus* 114 fois	*Hernani* 164 fois (+50)	*o*	*Britannicus* 11 fois	*Hernani* 50 fois (+39)
Voyelles fermées Écart... .	*é*	141 fois	*Hernani* 68 fois (−73)	*u*	42 fois	*Hernani* 17 fois (−25)

De ces faits, on peut tirer deux conclusions :

1) Ce que l'on sent d'éclat et de largeur de souffle dans *Hernani* tient pour une part à cette plus grande ouverture des voyelles à la

rime; inversement, il y a quelque chose de plus tendu, de plus resserré dans les sonorités de *Britannicus*.

2) Les rimes de *Britannicus* sont plus banales que celles de *Hernani* notamment parce que les finales en « é » sont très fréquentes en français (noms abstraits, formes verbales...).

b) *Répartition des rimes faibles et des rimes fortes*

Au préalable, précisons qu'il n'y a pas de diphtongues en français, c'est-à-dire de liaison entre deux sons vocaliques consécutifs : ainsi la graphie « oi » comporte-t-elle outre la voyelle « a » la semi-consonne [w] (cf. le phonème initial de l'anglais *war*) [1].

Une *rime faible* est celle où l'homophonie se réduit à une voyelle (ex. « sang/flanc », *Britannicus*, v. 37-38); une *rime forte* est celle qui comporte trois homophonies ou plus, dont bien sûr l'une au moins est vocalique (ex. « aventure/monture », *Hernani*, v. 23-24).

Sur les 650 premières rimes des deux pièces, j'ai décompté :
rimes faibles : 88 dans *Britannicus*, 27 dans *Hernani*;
rimes fortes : 208 dans *Britannicus*, 244 dans *Hernani*.

On voit que la fréquence des rimes faibles est relativement basse dans *Hernani*, mais que Hugo ne les évite pas rigoureusement. Numériquement, la fréquence relative des rimes fortes y est moins supérieure qu'on n'aurait pu s'y attendre. Mais qualitativement, beaucoup de rimes fortes dans *Britannicus* sont moins éclatantes que celles de *Hernani* : elles reposent davantage sur des finales de mots courantes en français (telles que « -able », « -ité », « -ement », « -leur », etc.). Au contraire aux rimes fortes dans *Hernani* correspondent souvent des rapports inattendus, pour trois raisons majeures :

1) Hugo se plaît aux rimes homonymiques. Ainsi perce un plaisir de jouer avec les mots dans des rimes comme « point/poing », « comte/compte », « vaines/veines »...

2) L'intrusion des mots concrets dans le vocabulaire du drame est aussi une cause de mise en relief de la rime : ainsi pour « félons/talons », « mémoire/armoire », « vitesse/Altesse », etc. Certaines rimes en « a » ont un éclat quasi comique dans leur virtuosité : tels « alcades/cavalcades ».

---

1. La rime « moi/toi » n'est donc pas faible phonétiquement, quoiqu'elle le soit sémantiquement; mais la rime « gloire/mémoire » entre, à un bas degré sans doute, dans la catégorie des rimes fortes.

En forçant les termes de l'opposition, on pourrait dire que la rime apparaît dans *Britannicus* comme une morne obligation, tandis qu'elle manifeste dans *Hernani* une sorte de verve et d'ivresse verbales.

3) *Hernani* comporte presque deux fois plus de noms propres à la rime que *Britannicus* (86 pour 47). Et ils y sont beaucoup plus nombreux et variés, du fait que dans *Britannicus* ce sont presque exclusivement les noms des personnages : Agrippine 10 fois, Narcisse 6 fois, Junie et Burrhus 4 fois, Néron 3 fois. Inversement, les noms des personnages de *Hernani* sont minoritaires à la rime par rapport à d'autres noms de personnes : Hernani 8 fois, Silva (Gomez) 7 fois, doña Sol 3 fois ; en dehors d'eux, en une ou plusieurs occurrences, on trouve 17 noms de personnes absentes du drame (y compris malgré tout Charlemagne).

À ces anthroponymes se joignent une vingtaine de toponymes (difficiles, il est vrai, à dissocier les uns des autres quand il s'agit de nobles). Ainsi « Espagne » et « Castille » entrent dans plusieurs rimes fort sonores. Dans *Britannicus* il n'y a aucun toponyme : différence qui tient au réalisme du drame hugolien.

Cette fréquence relative des noms propres dans *Hernani* contribue elle aussi à la cocasserie de plus d'une rime, autant qu'à sa force : ainsi pour « Tritème/système », « pater/Luther », « avare / Navarre », et non sans malice « Silva/s'éleva ».

c) *Répétition des rimes*

Les dénombrements porteront ici sur la totalité des vers de chaque pièce.

Le nombre de mots répétés à la rime et la fréquence de ces répétitions sont beaucoup plus élevés dans *Hernani*, contrairement à ce que l'on aurait pu attendre. Il n'y faut pas voir une facilité, mais plutôt l'insistance poétique et dramatique de certains thèmes, qu'un seul mot concret peut représenter : tels « porte », « bandit », « cor », « tombeau »...

La fréquence dans les deux pièces de la rime « aime/même » est déterminée par l'importance de l'amour (fût-il maternel) en chacune d'elles, et aussi par l'abondance de « même » après un pronom.

Enfin, autant qu'on pourrait gloser sur le retour dans *Britannicus* de la rime « lieux/yeux », on pourra réfléchir sur la fréquence de « moi/roi » dans *Hernani* (voir à ce sujet l'introduction).

Principales répétitions de rimes

Hernani	*Nombre*	*Britannicus*
moi/roi	14	
bien/rien	10	
(ne) pas/pas	8	
aime/même	7	
dis-dit/bandit	7	
honneur/seigneur	6	
âme/femme	6	aime/même
beau/tombeau	5	nous/vous
encor(e)/cor	5	jour/cour(s)
importe/porte	5	lieux/yeux
femme/infâme	5	
ombre/sombre	5	

HISTORIQUE DES REPRÉSENTATIONS
DE *HERNANI*

Depuis plus d'un siècle et demi, *Hernani* est au répertoire de la Comédie-Française et a été joué sur bien d'autres scènes. Il est peu probable que les ricanements des esthètes raffinés aient une seule fois dominé les applaudissements des fervents du vers, du verbe et de la verve de Hugo. Et combien de grands acteurs ont trouvé là un rôle à leur mesure !

— 1830 : « *Ad augusta per angusta* [1] »

Difficile d'évoquer ce qu'il est convenu d'appeler « la bataille d'*Hernani* » sans ressasser des pages de manuels, et sans risquer de recouvrir l'importance de l'entreprise hugolienne sous les détails anecdotiques de « la folle journée » du 25 février 1830. Mais impossible d'esquiver la mention de quelques-uns de ses aspects, bien dignes du *Roman comique* : d'un côté, disséminées, barbes et chevelures profuses ; de l'autre, en rangs serrés, crânes aux apparences de genoux ; gilet rouge de Gautier qui restera comme le fanion d'une jeunesse flamboyante ; chansons de rapins et cris d'animaux en guise de prélude musical ; parfums aliacés ou urineux jusque dans les loges où viendront les dames en grande toilette et les messieurs en habit noir ; trognon de chou égaré sur la tête de Balzac ; et par avance pour couronner le tout, si l'on ose dire, pantoufles du poète mises pour aller affronter sur le verglas de décembre, aux répétitions, les caprices colériques de Mlle Mars. Mais on isole trop la

1. Voir ici la note 1, p. 147.

première représentation : de soirée en soirée les esprits allèrent en fait s'échauffant, et le public mêla davantage encore, durant les semaines suivantes, au destin tragique de Hernani le tohu-bohu grotesque de ses propres combats. Jamais sans doute il ne fut plus juste de dire que le spectacle était aussi dans la salle [1].

La « bataille d'*Hernani* », comme il a été indiqué dans l'introduction, a commencé avec l'écriture de la pièce. Et la première victoire, ce furent les acclamations des Comédiens-Français à qui Hugo lut son œuvre le 5 octobre 1829. Très déçus de n'avoir pu jouer *Marion Delorme*, ils souhaitèrent d'emblée faire triompher *Hernani*.

Mais une double petite guerre devait encore se livrer, avant que l'auteur de la *Préface* de *Cromwell* fût enfin applaudi sur la scène. Double, parce que de deux côtés la censure intervint : officiellement, venant du gouvernement ultra-réactionnaire de Polignac ; moins pesante, mais peut-être plus efficace, venant des amis du poète et de sa principale interprète féminine, Mlle Mars.

Dans un premier temps, avec une espèce de bonne volonté, une commission fut chargée de se prononcer sur la possibilité de laisser jouer *Hernani*. (Interdire une deuxième fois une pièce de Hugo que la Comédie-Française avait reçue avec enthousiasme, c'était politiquement un peu risqué.) Aussi les « juges », tout en y trouvant « un tissu d'extravagances » et des « inconvenances de toute nature » (admirable imprécision !), trouvèrent habile de ne pas en « retrancher un seul mot ». Ils paraissent avoir été assurés de la puissance du conservatisme, et en même temps désireux de le faire se manifester : « Il est bon, concluaient-ils, que le public voie jusqu'à quel point d'égarement peut aller l'esprit humain affranchi de toute règle et de toute bienséance ».

Moins confiant dans la « vox populi », le baron Trouvé (on trouve toujours un censeur) exigea la suppression de six passages — dont certains assez longs — manifestement offensants pour la majesté du trône et pour la sainte Église. Hugo ne céda que sur deux d'entre eux (voir notes 1, p. 138 et 1, p. 141) : ce fut là sa deuxième victoire.

---

1. Je ne préciserai aucun des multiples emprunts que je vais faire au très bel et précieux ouvrage d'Anne Ubersfeld, *Le Roman d'Hernani* (Mercure de France, 1985). Ils frisent parfois la citation, et je serais contraint à des notes surabondantes.

Mais il y avait les amis, et surtout « l'astre de la Comédie-Française », Mlle Mars. Plusieurs tournures « audacieuses », des « longueurs » périlleuses furent pour leur complaire et par prudence, abandonnées par l'auteur ; mais il ferma ses oreilles à quelques modifications qu'il n'approuvait pas (voir notes 1, p. 67, 1, p. 77, 2, p. 110, 1, p. 118, 1, p. 142).

Il faut préciser qu'il n'y avait pas à cette époque de fonctions définies de metteur en scène (elles ne se spécifieront qu'à la fin du XIXᵉ siècle). L'auteur pouvait les exercer au premier chef[1] ; mais les acteurs, surtout lorsqu'ils étaient célèbres, considéraient qu'ils avaient un droit d'intervention sur le texte même de la pièce. Mlle Mars assaillait Hugo de ses critiques et de ses réclamations, habituée qu'elle était au jeu et aux convenances classiques, naïvement portée aussi à confondre la personne de l'acteur avec son personnage (voir n. 2, p. 110). Mais à trop insister sur une série d'escarmouches entre elle et l'auteur, on finirait par oublier qu'aux représentations elle fut, de l'avis unanime — avec ses dons exceptionnels, sa finesse, son ardeur intérieure, sa beauté même que la cinquantaine n'avait pas défraîchie — une idéale doña Sol de dix-sept ans[2]. — Autour d'elle — *tres para una*[3] —, les autres interprètes principaux avaient assez de talent et d'expérience pour la mettre en valeur : Joanny, couronné de cheveux blancs et tout fier d'avoir servi sous les ordres du père de Hugo, fut un digne don Gomez ; Michelot, malgré ses quarante-quatre ans, ne manqua pas de vraisemblance en don Carlos ; et surtout, les quarante-six ans et les faibles moyens physiques de Firmin furent surpassés par l'intelligence et l'énergie avec lesquelles il s'imposa comme Hernani. Les représentations bénéficiaient en outre de tout l'attrait spectaculaire que Hugo souhaitait et qui entrait dans les caractères du nouveau théâtre : le baron Taylor[4] avait apporté au drame de riches costumes et le réalisme apparent de grandioses décors.

1. En ce domaine, les indications du texte de Hugo, les didascalies, manifestaient par avance qu'il assumait ce rôle. Au reste, il assista à toutes les répétitions de l'hiver 1829-1830 et y participa activement. Voir aussi à ce sujet la note de l'édition originale du texte, ici p. 227-228.
2. Voir à la suite de cet *Historique* la note de Hugo à l'édition de *Hernani* en 1830.
3. C'est-à-dire « Trois pour une seule » — sous-titre envisagé par Hugo pour *Hernani*.
4. Le baron Taylor était un ami de Hugo ; il a notamment dirigé, depuis 1820, la composition d'une série d'ouvrages illustrés, sous le titre *Voyages*

Ainsi allait s'engager une « bataille » qui était déjà un événement au début de 1830. Le Tout-Paris en parlait en aiguisant ses plumes, avec des frémissements de fureur ou d'exaltation anticipées. — Dès janvier, plusieurs personnalités sollicitèrent de Hugo la réservation d'une loge pour la « première ». — Avec une inquiétude de médiocre aloi, mais symptomatique, Nodier déplorait alors la « publicité orageuse » faite à Hernani, et appréhendait qu'elle prît « l'aspect d'une petite guerre civile » (lettre à Lamartine du 11 janvier 1830). « Orageuse » ? Ce mot était déjà venu sous la plume de l'auteur lui-même, qui déclarait le 2 novembre 1829, sorte de René à rebours : « Un orage terrible s'amoncelle sur moi. » — Mais « publicité » ? En réalité, et en premier lieu, *cabale* bientôt entamée contre une pièce dont tout permettait de penser qu'elle serait scandaleuse ! — Donc, oui, « petite guerre civile » en cette année où pour nous les derniers jours de février n'apparaissent pas sans relations — si indirectes qu'elles fussent — avec les derniers jours de juillet.

Mais comment pouvaient à ce point s'échauffer les passions pour une pièce qui n'avait encore été ni représentée ni publiée ? Sans doute, les amis de Hugo — le « cénacle » de la rue Notre-Dame des Champs — l'avaient entendu lire par l'auteur le 30 septembre 1829. Mais ce n'est pas par eux que les salons, la presse, les caricaturistes purent en avoir une connaissance tronquée, déformée, et cependant assez précise. La cabale anticipée ne fut rendue possible que par les divulgations du texte que s'était permises, non sans abus de pouvoir, le censeur Brifaut qui avait conservé le double du manuscrit. Nodier, sans s'apercevoir de ses contradictions, déclarait avant de dénoncer une « publicité orageuse » : « On attend *Hernani* [...] dont la cabale a déjà préparé la chute dans ses vaudevilles et ses journaux » (lettre à Lamartine du 11 janvier 1830). Plus précis et bien informé, Hugo avait écrit le 5 janvier au ministre de l'Intérieur une vigoureuse lettre de protestation contre les sources de la cabale ; et de dénoncer la censure comme son « ennemie littéraire » mais aussi « politique ». Le pouvoir se sentait en fait fortement menacé par toute nouveauté ; et il recevait l'appui de « libéraux » fort prudents en matière de libéralisme.

---

pittoresques et romantiques dans l'ancienne France, pour un volume auquel Hugo devait apporter sa collaboration en 1825. La même année, Taylor fut nommé « commissaire royal près le Théâtre-Français » : il y favorisa la représentation des drames romantiques

Mais Hugo n'était pas homme à laisser sans riposte les attaques qui convergeaient contre son œuvre. Il organisa la contre-attaque. Son salon devint son centre de commandement, ses amis anciens et nouveaux formèrent son état-major. La génération montante des artistes se coalisèrent autour de lui, se plièrent à sa stratégie. Il y avait des écrivains comme Dumas, Balzac, et même Vigny dont la jalousie d'auteur dramatique rongeait déjà l'amitié qui le liait à Hugo ; des peintres comme Delacroix et les fervents du poète, Boulanger, Devéria ; un sculpteur comme David d'Angers ; et fort précieusement, le baron Taylor. Vinrent se joindre à eux Berlioz, Musset, Nerval entre autres, et le plus ardent de tous, Gautier. Dès la fin de 1829, semble-t-il, Hugo prend une décision à la Bonaparte : il refuse la claque habituelle et stipendiée, dont il craint la tiédeur, et il décide d'enrôler avec ses amis un bataillon d'admirateurs inconditionnels. Le recrutement se fait dans les ateliers d'architecture principalement. Les combattants devront avoir un billet rouge portant de la main de Hugo le mot « Hierro » (« fer », et par conséquent « épée »).

Le grand jour arriva. Dès le début de l'après-midi, les troupes étaient là, et finirent par entrer et se répartir dans la salle selon une habile tactique. Cette première fut un succès, contrairement à ce qu'on en a pu dire. Il se trouva même des opposants pour applaudir ici ou là : au dialogue de don Carlos et de Hernani au IIe acte, à la scène des portraits au IIIe acte, et surtout au monologue de don Carlos à la scène 2 de l'acte IV. La recette fut considérable : 5 134 F., alors que, la veille, *Phèdre* avait rapporté 451 F. Aucune pièce ne fit gagner plus d'argent à la Comédie-Française (ni peut-être à son auteur). Ces recettes se maintinrent très honorablement jusqu'à la fin de juin. Ce n'est qu'après 35 représentations que le succès commença à s'épuiser (ce qui était beaucoup à cette époque). En juillet, l'attention se porta vers d'autres événements. Et la pièce ne fut reprise, malgré les protestations de Hugo, qu'une fois en août et deux fois en septembre.

La bataille dans le public n'avait vraiment commencé qu'à la deuxième représentation, et ne se déchaîna que durant le mois de mars : hurlements, sifflements, coups de poings, intervention de la police ! Mais cela même contribuait à faire de *Hernani* un événement.

Fut-ce en définitive un triomphe ? On peut opposer deux réactions exemplaires de la presse : celle du *National*, où le « libéral » Armand Carrel tira à boulets rouges contre le drame ; celle du *Globe*, où

Charles Magnin, quelles que fussent ses réserves, vanta l'œuvre de Hugo. — Un signe remarquable du succès se trouve dans le fait qu'il y eut quatre parodies de la pièce en mars 1829 (toutes les quatre représentées) : la plus drôle, pour son titre du moins, est *Harnali ou la contrainte par cor*.

Certes, on peut considérer que 1830 a fixé dans le public « lettré » l'image d'un Hugo dramaturge emprisonné dans un système (encore que tel critique se soit réjoui que l'auteur de la préface de *Cromwell* ait renoncé à l'alliance du sublime et du grotesque — éloge doublement inattendu !) ; on peut déplorer que son théâtre ait été jugé dès lors comme le fils bâtard de la tragédie et du mélodrame (ce qui est vrai jusqu'à un certain point, mais implique par rapport aux profondes visées de Hugo une totale incompréhension) ; et l'on peut enfin regretter que *Hernani* ait fait reléguer par les gens de goût — pour longtemps du moins — les drames de Hugo dans les catégories des spectacles brillants et creux, invraisemblables, extravagants et, comme l'on disait en 1830, « barbares ».

En bref, et en simplifiant, du côté de la critique littéraire et de la censure politique — toutes mêlées l'une à l'autre —, l'issue de la « bataille » n'a été qu'un demi-succès. À tel point que l'hostilité esthétique, morale, idéologique, qui se manifesta dans certains journaux en 1830, n'est allée que se renforçant, ou au moins se confirmant — sauf exceptions — au cours de la Monarchie de Juillet. — Mais d'autre part, l'accès de Hugo à la scène avec *Hernani* a eu trois conséquences positives : le public attendait de lui désormais des pièces aussi neuves et soulevant autant de passions, les acteurs — et surtout les actrices ? — allaient aspirer à s'illustrer dans des rôles où la parole et l'émotion s'étaient imposées avec une force inhabituelle ; enfin les directeurs de théâtre pouvaient être alléchés par l'espoir de représentations rentables.

— *1838-1877 : des reprises difficiles aux reprises triomphales.*

Cependant, surtout dans ces conditions, reprendre une pièce n'est pas équivalent à la créer. Le contrat de Hugo avec la Comédie-Française stipulait que *Hernani* devait être remis à l'affiche en 1835 au plus tard. Le nouvel administrateur ne tint pas compte de cet engagement. Hugo patienta deux ans, puis attaqua : à la fin de 1837 il intenta au responsable un procès qu'il ne pouvait que gagner. *Hernani* fut rejoué treize fois en 1838, avec un succès qu'assura pour une part Marie Dorval en doña Sol (elle avait été la vedette de l'*Antony* de Dumas en 1831 et du *Chatterton* de Vigny en 1835). De 1840 à 1849, les reprises se succédèrent d'année en année : une cinquantaine au total. Toute lutte violente apaisée, le drame de Hugo tenait sa place au répertoire, sans plus.

Le coup d'État puis l'Empire exilèrent le dramaturge des scènes françaises. Enfin, le régime se « libéralisant », et les fêtes de l'Exposition Universelle de 1867 nécessitant tous les éclats possibles, la Comédie-Française, à l'instigation de l'impératrice, fut autorisée à jouer *Hernani*. Hugo commença par redouter un surcroît de travail qui contribuerait à le retarder dans l'écriture du roman qu'il avait dû interrompre à la fin de 1866 (*L'Homme qui rit*) ; et il n'était pas sans craindre que le couperet de la censure ne mutilât son œuvre ; *Hernani* lui paraissait trop fondamentalement subversif pour que l'aventure de sa reprise en 1867 aboutît, et aboutît dignement : « Hernani est comme moi de la montagne, ce qui ne plaît guère aux influences régnantes » (lettre du 16 mai 1867). Il prit le risque. Cependant — ou précisément pour s'affirmer comme « banni » — sa condition préalable était le refus de toute censure officielle. En fait, le bonheur de reparaître à la Comédie-Française l'aiguillonnait assez pour qu'il acceptât certaines prudences, au point d'écrire à son principal factotum, Auguste Vacquerie : « Supprimez tout ce qui vous semble dangereux » (14 mai 1867). Et il procédait lui-même à quelques édulcorations surprenantes : ainsi « vieillard stupide[1] », indiquait-il, pouvait être changé en cette « variante bête et sans danger » : « *Ciel ! qu'as-tu fait ?* » (7 mai 1867).

Il se rendait mal compte de la liberté qui lui était exceptionnellement laissée par le régime ; et que d'autre part, le public lui était d'avance entièrement favorable, même sur ces points de convenances littéraires. Disparition des genoux, prolifération des barbes. Les nouveaux poètes — admirateurs entre autres de *La Légende des siècles* — se joignaient aux anciens combattants de 1830, Gautier toujours en tête. Tous voulaient entendre, sinon le texte publié en 1836, au moins celui qui avait été dit le 25 février 1830 ; et on protesta contre de rares adoucissements, si bien que Vacquerie put se féliciter de n'avoir pas été aussi craintif que l'auteur (il avait par exemple maintenu « vieillard stupide »).

Les acteurs, bien choisis, ne déçurent point, leur jeu et leurs dons rappelaient ceux des « héros » de la première : Mlle Favart en émouvante doña Sol, Delaunay en Hernani avec un peu trop

---

[1]. Cf. l'introduction, note p. 24.

d'élégance mais assez de passion ; Bressant par sa prestance compensant quelque froideur en don Carlos ; enfin Maubant aussi âgé et aussi solide que Joanny pour incarner Ruy Gomez.

Le 20 juin 1867, cette nouvelle première de *Hernani* souleva l'enthousiasme. Politiquement, l'opposition de la jeunesse en profita pour se manifester quelque peu — sans affoler la police — en acclamant dans les rues le proscrit sublime. Dans la salle, on applaudit après chacun des actes. Et un hommage fervent fut adressé publiquement au « plus grand poète français » par quatorze jeunes poètes, dont Sully Prudhomme, François Coppée, Léon Dierx, Paul Verlaine. Avec sa coutumière et complexe modestie, le maître leur répondit : « Je ne suis rien, mais la révolution est tout [...] 1830 avait raison, et 1867 le démontre. » Et de reprendre, en l'accentuant, sa pensée de jadis : « La généreuse jeunesse, dont vous êtes, veut [...] la révolution tout entière, dans la poésie comme dans l'état » (22 juillet 1867). Il y eut jusqu'en décembre 70 représentations (on se souvient qu'il n'y en avait eu que 39 en 1830). Hugo n'avait pas à se plaindre, malgré l'interdiction d'amplifier ce retour par la reprise de *Ruy Blas*. La « bataille d'*Hernani* » n'aboutissait-elle pas à l'éternel lever de son soleil d'Austerlitz ?

La république redéclarée ne manifesta pourtant, en ses premiers pas chancelants, que peu de faveur à l'égard du théâtre d'un poète qui avait protégé et qui voulait faire libérer les anciens « communards ». Il se peut que son élection comme sénateur de la Seine en 1876 ne fût pas étrangère à une deuxième vague triomphale de reprises de *Hernani*, à partir de 1877. Mais le « maître » vieillissant ne se préoccupa guère alors d'un spectacle dont le succès était assuré ; il laissa même redire encore le texte de 1830, sans imposer la version plus conforme à son désir de l'édition de 1841. Son attention se porta surtout, semble-t-il, sur sa nouvelle doña Sol : l'éblouissante Sarah Bernhardt. À côté d'elle, Mounet-Sully mit toute la puissance de son jeu dans Hernani. La relative jeunesse de ces deux « vedettes » (elle avait trente-trois ans, il en avait trente-sept) contribua sans doute à l'éclat de cette reprise : 21 représentations dans les dernières semaines de 1877 ; 90 au cours de 1878 — année où Paul Claudel eut une « émotion théâtrale » qui resta l'une des deux plus fortes de sa vie [1] (l'autre étant celle de *Tannhäuser*). Mais déjà le Panthéon attendait Victor Hugo.

1. « Je me demande qui avait raison », écrivait-il en 1952, « le vieillard ironique et désabusé que je suis devenu, ou l'enfant de dix ans qui au Théâtre-

— 1885-1984 . des routines de la gloire au renouveau de la création.

La cause était entendue; trop entendue. À force d'être considéré comme la figure de proue du romantisme, Hugo devenait un classique. Même pour les universitaires qui faisaient encore la grimace il prenait place dans les anthologies. Et la faveur croissante du théâtre en vers ne desservait pas le poète de *Hernani* ou de *Ruy Blas*... encore que trente ans après 1867, elle bénéficiât davantage à Edmond Rostand! La gloire s'usait avec la fin d'un siècle que Hugo avait fini par trop dominer pour ne pas y être au fond des esprits emprisonné. Jouer *Hernani* tournait peu à peu au rite commémoratif : aucune année, entre la mort du poète et 1914, où son drame ne fût représenté une quinzaine de fois en moyenne. Le public n'attendait pas de surprise, mais les jouissances d'un spectacle auquel on ne changeait rien d'essentiel depuis 1830 : mise en valeur des lieux de l'action par le pittoresque grandiose des décors; utilisation d'un espace scénique large et profond, mais pratiquement fermé par de fausses portes et de fausses fenêtres, encombré de meubles, de figurants (courtisans, domestiques, soldats, bandits...) ; relief donné à l'aspect des personnages par des costumes plus ou moins historiques; accentuation du sublime par l'extrême expressivité des gestes et des voix[1] ; bref, mélodrame peut-être, mais rehaussé par une esthétique à la Viollet-le-Duc, et surtout par la virtuosité, la vivacité, le souffle épique ou oratoire d'une prosodie généreusement « romantique ».

Après la Première Guerre mondiale, qui éclipsa évidemment le drame hugolien, on vit en particulier reparaître comme doña Sol la vigoureuse Mme Segond-Weber — qui avait déjà brillé dans ce rôle en 1887. De 1920 à 1938, *Hernani* fut régulièrement au programme de la Comédie-Française, mais seulement pour quelque six représentations en moyenne chaque année. — Nouvelle éclipse pendant la Seconde Guerre mondiale et quelques années encore après elle. —

Français dans un flot enivrant de poésie voyait s'ouvrir devant lui les abîmes de la fatalité et de l'amour? » (« Le Cor d'Hernani », dans *Le Figaro littéraire* du 18 octobre 1952, après la représentation du cent cinquantième anniversaire, où ce « vieillard » crut voir « les funérailles définitives du théâtre de Hugo. »)

1. « Qu'importent les acteurs pour une pareille pièce! » déclarait fougueusement Gautier en 1867, « ils n'ont besoin que de *beugler* les vers ».

La célébration du cent cinquantenaire de la naissance du poète imposa en 1952 une reprise de la pièce qui ne souleva guère que rires et sarcasmes. Le son du cor se perdait dans le passé. La gloire de tout un siècle semblait définitivement s'effacer.

Mais double est le crépuscule. Pendant une vingtaine d'années, de 1953 à 1973, *Hernani* n'apparut plus une seule fois sur notre grande scène nationale ; et cependant un renouveau se préparait de multiples manières — qu'il est impossible ici de détailler. — Le fait est que dès 1954 avec *Ruy Blas*, et en 1955 avec *Marie Tudor*, le Théâtre National Populaire prit, grâce au génie de Jean Vilar, le relais de la Comédie-Française. Durant les années « soixante » la réédition progressive des œuvres de Hugo, l'activité des lecteurs critiques, la (re)découverte du « Théâtre en liberté », ces divers faits convergèrent pour que l'interprétation du théâtre de Hugo se mît à bouger, stimulant l'intérêt et l'audace des metteurs en scène, et en retour relancée par leurs succès.

Ce fut déjà un événement que la reprise de *Hernani* par les Comédiens-Français en 1974 (pour des raisons provisoires au théâtre Marigny) dans une mise en scène de Robert Hossein, en l'occurrence appliqué à la sobriété, bénéficiant par ailleurs de jeunes et ardents comédiens (dont Geneviève Casile et François Beaulieu). Autre mais moindre indice de ce renouveau, les représentations de *Hernani* au théâtre Récamier en 1977.

Mais la véritable recréation de ce drame reste encore sa mise en scène et, pour une part, son interprétation par Antoine Vitez en 1985 (du 31 janvier au 31 mars) au Théâtre National Populaire[1]. Sa conception se fondait sur le principe d'un relatif effacement du personnage éponyme, dans la mesure où elle choisissait comme axe principal de l'action la lutte pour le pouvoir — lutte individuelle (encore que symboliquement historique) entre don Carlos et Ruy Gomez, lutte politique du roi pour l'accès à la toute-puissance. Cependant Vitez ne pouvait écarter de l'intrigue les enchaînements de l'amour, même s'il était entraîné à les juxtaposer plutôt qu'à les allier intimement aux conflits des pouvoirs, faute de prendre

---

1. Avec mes seuls souvenirs, je n'aurais pu écrire ce qui suit ; je dois presque tout à la générosité de Florence Naugrette, qui m'a communiqué le chapitre de sa thèse inédite (*Les Mises en scène contemporaines du théâtre de Hugo*), où cette réalisation de Vitez est l'objet d'une description minutieuse et d'une analyse pénétrante.

suffisamment en compte la problématique de l'honneur. Mais faisant tourner tout le drame comme en spirale vers le vide, il donnait bien à ressentir ce qu'il y a de délire et d'angoisse en ses personnages. Hernani ne pouvait triompher dans l'amour qu'en « héros négatif » au milieu des forces qui le dominaient. Doña Sol, malgré ses tentatives de révolte, devenait surtout spectatrice de conflits limitativement virils. Conflits dérisoires en définitive, puisque débouchant bien moins sur la réalité du pouvoir politique que sur l'idéalisme de la clémence impériale [1].

À ce renouvellement idéologique — qui jusque dans ses failles avait le mérite de mettre en valeur ce qu'on pourrait appeler l'écartèlement de *Hernani* — se joignait un renouveau de l'esthétique hugolienne.

Les interprètes furent à la hauteur des visées de Vitez. Chaque personnage principal apparut dans sa complexité et ses contradictions. Jany Gastaldi fut une doña Sol à la fois pure et sensuelle, parfois presque primesautière et parfois presque maternelle. Debauche et Vitez, interprétant tour à tour Ruy Gomez, unissaient à l'ampleur de leur costume et à la chaleur de leur voix la fragilité de leur propre jeunesse qu'ils inversaient en tremblements séniles. Redjep Mitrovitsa accentuait d'abord le charme et le cynisme du roi adolescent, puis passait de la fébrilité de son ambition à la majesté de son acte de clémence. Pour Hernani enfin, Aurélien Recoing alliait à la rudesse d'un montagnard [2] les délicatesses d'un amant que sa belle éblouit.

Les costumes manifestaient pour les yeux la complexité des personnages. Les contrastes étaient sensibles en particulier entre les deux amants : doña Sol apparaissait au premier acte toute blanche dans sa chemise de nuit, et toute noire au deuxième acte dans sa robe de compagne du rebelle fugitif ; Hernani, le bas du corps serré dans un pantalon de treillis et la poitrine à peine couverte d'une peau de bête, avait l'aspect d'une sorte de maquisard sauvage. Et

---

1. Idéalisme ? Machiavélisme peut-être, si l'on s'interroge sur la portée d'un pardon par où il faut que Charles-Quint « commence » son règne (v. 1809). Hugo laisse dans l'incertitude la valeur politique de ce pardon qui peut être acte inaugural d'un nouveau pouvoir ou seulement manœuvre initiale.

2. Cela n'impliquait aucunement qu'il fût une figure du « Peuple », comme l'a avancé d'autre part Vitez (Préface de l'édition du « Livre de Poche », 1987). Cette interprétation insoutenable n'a eu heureusement aucune incidence, me semble-t-il, sur sa mise en scène.

cette demi-nudité évoquait vigoureusement la sexualité que les duos extatiques des amants idéalisent

En ce sens la mise en scène de Vitez pouvait s'affranchir des retenues nécessaires du texte de Hugo : si l'auteur a bien prévu que les amants s'embrassent et se donnent même un baiser (sur le front!), il n'a pas envisagé qu'ils se couchent l'un sur l'autre à la fin de l'acte II. — Mais son texte n'exclut pas ce réalisme corporel dans la violence; ainsi le mot « tête » n'est pas une métaphore en ce drame; et Vitez en Ruy Gomez n'était pas infidèle à Hugo en prenant sa tête à deux mains pour la tendre vers le roi qui peut le faire décapiter (III, 6).

Cette gestuelle donnait-elle la part trop belle aux aspects mélodramatiques de *Hernani*? Aucunement, car le langage y conservait une fonction essentielle. Et c'était bien le langage créé par Hugo — non seulement en son réalisme, mais aussi en sa poétique : les alexandrins étaient dits avec rigueur, donc avec tous leurs chocs, toutes leurs ruptures, toutes leurs souplesses. Vitez prenait soin qu'aucun de leurs effets ne fût effacé par des enjambements prosaïques. Au contraire, le geste venait parfois accentuer les coupes : quand à don Carlos qui le proclamait « au ban du royaume » Hernani répliquait « j'y suis / Déjà », il brisait son épée au moment même où sa phrase est rompue par ce rejet.

Le principe d'évidement, dont on a vu la primauté dans l'ordre de l'idéologie, entraînait scéniquement la simplification des décors, la réduction du nombre des objets, la disparition presque complète des figurants. Et jamais on n'avait senti jusqu'alors à quel point *Hernani* (hormis son IIIᵉ acte) est un drame nocturne : sur la scène du T.N.P. s'imposait la nuit confuse de l'inconscient, la nuit opaque du destin, la nuit de la mort. Elle prenait d'autant plus de force dramatique que surgissait au dénouement l'éclairage surprenant imaginé par le scénographe Yannis Kokkos : l'utilisation des « fibres optiques » transformait magiquement le plateau incurvé en un ciel étoilé. Mécanique du sublime qui aurait sans doute enchanté Hugo! Et la petite musique pour orgue et clavecin de Georges Aspergis contribuait discrètement au lyrisme de cette admirable représentation de la chute des amants dans la totalité cosmique.

Certaines inventions de Vitez pouvaient décontenancer. Pourtant le remplacement des visages des ancêtres de Ruy Gomez par la seule effigie de leurs mains avait une singulière force symbolique. Plus déroutantes peut-être les allées et venues sur la scène d'un étrange escalier, tour à tour escaladé et descendu par les trois personnages du dénouement ; mais outre que cet escalier constitue l'une des thématiques de la pièce, il associait à la sublimité d'un duo suprême l'effet quasi grotesque de sa matérialité.

Autant dire que la mise en scène de Vitez revenait aux sources de l'écriture de *Hernani,* à l'esthétique de la préface de *Cromwell.* Le drame triomphant de 1830 renaissait de ses cendres, allégé des pesanteurs de sa gloire, animé par l'esprit créateur que Hugo avait opposé aux préjugés de son temps, et que son œuvre continue à propager vers l'avenir.

NOTE DE HUGO
A L'ÉDITION DE *HERNANI* EN 1830

Shakespeare, par la bouche de Hamlet, donne aux comédiens des conseils qui prouvent que le grand poëte était aussi comédien. Molière, comédien comme Shakespeare, et non moins admirable poëte, indique en maint endroit de quelle façon il comprend que ses pièces soient jouées. Beaumarchais, qui n'est pas indigne d'être cité après de si grands noms, se complaît également à ces détails minutieux qui guident et conseillent l'acteur dans la manière de composer son rôle. Ces exemples, donnés par les maîtres de l'art, nous paraissent bons à suivre, et nous croyons que rien n'est plus utile à l'acteur que les explications, bonnes ou mauvaises, vraies ou fausses, du poëte. C'était l'avis de Talma ; c'est le nôtre. Pour nous, si nous avions un avis à offrir aux acteurs qui pourraient être appelés à jouer les principaux rôles de cette pièce, nous leur conseillerions de bien marquer dans Hernani l'âpreté sauvage du montagnard mêlée à la fierté native du grand d'Espagne ; dans le don Carlos des trois premiers actes, la gaieté, l'insouciance, l'esprit d'aventure et de plaisir, et qu'à travers tout cela, à la fermeté, à la hauteur, à je ne sais quoi de prudent dans l'audace, on distingue déjà en germe le Charles-Quint du quatrième acte ; enfin, dans le don Ruy Gomez, la dignité, la passion mélancolique et profonde, le respect des aïeux, de l'hospitalité et des serments, en un mot, un vieillard homérique selon le Moyen Âge. Au reste, nous signalons ces nuances aux comédiens qui n'auraient pu étudier la manière dont ces rôles sont représentés à Paris par trois excellents acteurs, M. Firmin, dont le jeu plein d'âme électrise si souvent l'auditoire ; M. Michelot, que sert une si rare intelligence ; M. Joanny, qui empreint tous ses rôles d'une originalité si vraie et si individuelle.

Quant à Mlle Mars, un de nos meilleurs journaux a dit, avec raison, que le rôle de doña Sol avait été pour elle ce que *Charles VI* a été pour Talma, c'est-à-dire son triomphe et son chef-d'œuvre. Espérons seulement que la comparaison ne sera pas entièrement juste, et que Mlle Mars, plus heureuse que Talma, ajoutera encore bien des créations à celle-ci. Il est impossible, du reste, à moins de l'avoir vue, de se faire une idée de l'effet que la grande actrice produit dans ce rôle. Dans les quatre premiers actes, c'est bien la jeune Catalane, simple, grave, ardente, concentrée. Mais au cinquième acte Mlle Mars donne au rôle un développement immense. Elle y parcourt en quelques instants toute la gamme de son talent, du gracieux au sublime, du sublime au pathétique le plus déchirant. Après les applaudissements, elle arrache tant de larmes, que le spectateur perd jusqu'à la force d'applaudir. Arrêtons-nous à cet éloge, car, on l'a dit spirituellement, *les larmes qu'ils font verser parlent contre les rois et pour les comédiens.*

BIBLIOGRAPHIE

N.B. : ne sont mentionnées ici que les éditions les plus notoires de *Hernani* et les études les plus récentes sur la vie et l'œuvre de Hugo.

Éditions de Hernani :

1830, éd. Mame (texte incomplet, correspondant à celui des représentations).
1836, éd. Renduel (complétée par rapport a l'original).
1841, éd. Furne (revue et corrigée par Hugo).
1912, éd. de l'Imprimerie nationale (avec deux passages inédits de quatre vers chacun et, en appendice, d'autres éléments du manuscrit).
1987, éd. du Livre de Poche, commentée et annotée par Anne Ubersfeld.
Comme cette dernière, la présente édition reproduit l'édition Furne de 1841, en y insérant les huit vers ajoutés dans celle de l'Imprimerie nationale (voir notes 1, p. 88, et 1, p. 164).

Sur Victor Hugo et l'ensemble de son œuvre :

Arnaud LASTER, *Pleins feux sur Victor Hugo*, éd. Comédie-Française, 1981.
Yves GOHIN, *Victor Hugo*, éd. PUF, collection « Que sais-je ? », 1987.

Sur le théâtre de Victor Hugo :

Anne UBERSFELD, *Le Roi et le Bouffon*, éd. Corti, 1974.

Jean GAUDON, *Victor Hugo et le théâtre : stratégie et dramaturgie*, éd. Suger, 1983.

Arnaud LASTER, « L'antiromantisme secondaire et sa principale victime : le théâtre de Hugo », dans la revue *Europe*, n° 671, 1985.

Sur Hernani :

Jean MASSIN, « Présentation de *Hernani* », dans *Œuvres complètes* de Victor Hugo, tome III, Club Français du Livre, 1967.

Jean GAUDON, « Sur *Hernani* », *Cahiers de l'Association internationale des Études françaises*, n° 35, 1983.

Anne UBERSFELD, *Le Roman d'Hernani*, éd. Mercure de France, 1985.

Jean GAUDON, « En marge de la bataille d'*Hernani* » dans la revue *Europe*, n° 671, 1985.

Florence NAUGRETTE, « Jany Gastaldi en doña Sol, Nada Strancar en Lucrèce Borgia — les rayons et les ombres d'Antoine Vitez », dans *Victor Hugo, 3*, textes réunis sous le titre *Femmes* par D. Casiglia-Laster, *La Revue des Lettres modernes*, éd. Minard, 1991.

NOTES

[PRÉFACE]

Page 31.

1. Au moins jusqu'à l'édition Furne, ce texte n'avait pas de titre. C'est pourquoi nous le mettons entre crochets.

2. Le texte que Hugo va citer est la dernière partie de sa *Lettre-Préface aux « Poésies de feu Charles Dovalle »*. Ce journaliste mondain et poète assez pâle avait été tué en duel le 30 novembre 1829, à l'âge de 22 ans, par un acteur qui s'était jugé ridiculisé dans l'un de ses articles. Sa mort et la publication posthume de ses poèmes donnaient occasion à Hugo de parler de la nouvelle poésie en faisant appel aux ardeurs de la jeunesse. Son texte était donc un manifeste particulièrement destiné à mettre en perspective *Hernani* qui allait se jouer trois jours après cette publication. On observera la référence significative, quoique encore discrète, au public comme « peuple », et surtout l'insistance sur l'idée de « liberté » (le mot même est le leitmotiv de ce texte), qui est au centre de la thèse générale : « La liberté littéraire est fille de la liberté politique. » Il est exact que Hugo, depuis 1822, a plusieurs fois soutenu et de plus en plus précisé cette thèse, qui scandalisait (malgré ses prudences : 1793 était écarté des phénomènes vraiment révolutionnaires) tous les partis politiques. Exposée à ce moment-là, elle situait fermement *Hernani* dans le mouvement historique de la fin de la Restauration. Et Hugo, fidèle à cette perspective, soutiendra toujours que 1830 a été la suite littéraire de 1789.

3. « Je les envie parce qu'ils reposent. »

Page 33.

1. « Tolérance et liberté » : ces deux mots témoignent à la fois du rapprochement nouveau et de l'écart entre Hugo et Lamennais, lequel va donner à son journal *L'Avenir*, en octobre 1830, la devise « Dieu et la liberté ».

Page 34.

1. Symétrie assez fausse : à l'inverse de l'abbé d'Aubignac qui suivit Aristote pour écrire sa *Pratique du Théâtre* (1657), le juriste du XVIᵉ siècle Cujas ne décrivit les variations du droit coutumier que pour plaider en faveur de l'unité d'un droit écrit.

2. Cette note, ajoutée dans l'édition de 1836 et reprise dans l'édition Furne (voir la bibliographie), a été bien vraisemblablement écrite en fait par l'auteur. Elle est complétée par quatre notes en fin de volume. La note I est introduite par un petit texte dont voici la dernière phrase : « les retranchements » — ceux de 1830 — « n'avaient pas essentiellement altéré les deux premiers actes ; mais ils avaient assez profondément modifié le troisième, pour que nous croyions nécessaire de réimprimer ici les scènes IV, V, VI de cet acte comme on les a imprimées en 1830, comme on les a jouées à cette époque et comme on les joue encore aujourd'hui ; de cette façon, le lecteur peut confronter les deux textes, l'œuvre mutilée et l'œuvre complète, et décider qui avait raison alors et qui a raison maintenant. » Les notes II, III et IV concernent les scènes 1 et 2 de l'acte IV. Pour ne pas alourdir ce volume, nous nous sommes bornés, dans la plupart des cas, à indiquer par leurs numéros les vers dont ces quatre notes de Hugo font apparaître la suppression en 1830 ; on en trouvera mentions aux notes 1 des pages 105, 107, 109, à la note 2 de la page 113, puis aux notes 1 des pages 138, 141, 142.

Page 35.

1. Le *Romancero Général* : recueil de textes épiques espagnols traduits et publiés par Abel Hugo en 1821.

Page 36.

1. « En surplomb les monuments inachevés et les menaces énormes des murailles » (*Enéide*, IV v. 88-89).

ACTE I

Page 48.

1. Quelques élaborations manuscrites particulièrement remarquables de Hugo seront signalées dans ces notes. Ces vers 85-86 ont d'abord été écrits ainsi :

> *Vieillard, de nos amours tu nous prends le flambeau !*
> *Allons ! tu vas mourir. Va voir à ton tombeau !*

2. Invraisemblance historique, mais qui tient à un mythe fondamental dans *Hernani*, cf. l'introduction, p. 26 et suivantes. Philippe le Beau, venu en Espagne en 1506 y mourut la même année, sans avoir eu le temps d'y régner.

3. *Riche homme :* « ricombre », titre nobiliaire d'Espagne, surtout en Castille, se rapportant plus, semble-t-il, à la gloire des aïeux qu'à la fortune de celui qui le porte.

Page 54.

1. Troisième (et dernière) occurrence de cette exclamation — (cf. v. 29 et 41), dont la censure avait demandé la suppression !

Page 58.

1. « Ma Toison d'Or » ; voir note 2, p. 67

Page 59.

1. Maximilien Ier, empereur du Saint-Empire romain-germanique, mourut le 12 janvier 1519. Son fils Philippe le Beau, époux de Jeanne la Folle, était le père de don Carlos, qui avait donc de fortes raisons de prétendre succéder à Maximilien ; il bénéficiait en outre de l'or d'Espagne et de l'appui du Pape.

Page 60.

1. *Figuère :* Figueras, ville-forte de Catalogne. Première version manuscrite des vers 292-293 : « Pour être sans cheveux ta tête est bien légère. / Vous auriez plus que moi besoin d'un gouverneur. »

Page 61.

1. *Bourgeois de Gand :* argument qui sera repris au vers 348. Le fait que don Carlos était né à Gand et y avait passé sa jeunesse était un

de ses avantages sur François Ier puisque cette ville avait été annexée
à l'Empire par Maximilien Ier en 1492.

Page 62.

1. Le royaume de Naples et le royaume de Sicile, pratiquement
associés, étaient passés tous deux (1479-1504) sous l'autorité de
Ferdinand le Catholique; ce roi d'Aragon était le grand-père
maternel de don Carlos.

Page 63.

1. Le roi de France Louis XII (1462-1515).

2. *Bulle d'or :* cet ensemble de règles fixant depuis 1356 le mode
d'élection de l'Empereur ne comportait pas en réalité cette exclu-
sion; seul un usage prépondérant fut utilisé comme argument par les
Électeurs contre « l'étranger » François Ier.

Page 67.

1. Sans doute sous l'influence de la versification classique, Firmin
rendit ce vers ridicule à la « première » en le coupant à l'hémistiche,
comme s'il était écrit : « Oui, de ta suite, ô roi ! de ta suite j'en suis. »
Hugo préféra alors prudemment éviter les rires en aplatissant ainsi
son vers : « Oui, de ta suite, ô roi ! Tu l'as dit, oui, j'en suis. »

2. *Mouton d'or :* désignation dédaigneuse (quoique possible à
cause de son insigne) de la Toison d'or (cf. v. 270 et v. 1773) —
collier d'un ordre de chevalerie créé au début du XVe siècle.

ACTE II

Page 71.

1. Hugo avait d'abord introduit ici le rapport de rumeurs sur
l'identité de Hernani, — rumeurs qui reprenaient et précisaient les
dires et les allusions de Hernani à la scène 2 de l'acte I (où Hugo a
l'habileté de faire interrompre ses révélations par l'irruption de don
Carlos). Finalement le dévoilement complet de Hernani par lui-
même se fera à un moment décisif du drame (v. 1719-1729).

Page 73.

1. Ces expressions familières soulevèrent les rires des « classiques ». — Hugo y tenait : il les avait déjà écrites dans *Marion*

Jelorme (I, 1, il est vrai que ce n'était pas un roi qui demandait l'heure comme le premier venu, mais seulement Marion).

Page 77.

1. *Concubine :* terme trop choquant pour ne pas devoir être remplacé à la représentation par « favorite ».

Page 83.

1. Deuxième objet de la censure du baron Trouvé, ce vers fut maintenu par Hugo.

Page 88.

1. Ce vers vient dans l'édition Furne à la suite du vers 676. Le texte qui va ici du second hémistiche du vers 677 au premier du vers 682 ne se trouve que dans l'édition de l'Imprimerie nationale (voir bibliographie, p. 229). Le texte de l'édition Furne était donc : « Je suis banni ! je suis proscrit ! je suis funeste ! / — Hernani ! tu me fuis ! / — Eh bien ! non ! non, je reste. »

ACTE III

Page 100.

1. « Notre-Dame del Pilar » : vénérée à Saragosse depuis son apparition à saint Jacques devant un *pilier* qui fut conservé et intégré à plusieurs sanctuaires successifs (actuellement la basilique « Nuestra señora del Pilar »).

Page 105.

1. En 1830, suppression des vers 895-906.

Page 107.

1. Suppression en 1830 des vers 925-928.
2. *Olmedo :* ville de Nouvelle Castille. *Alcala :* plusieurs villes espagnoles portent ce nom ; ici il doit s'agir d'Alcala de Henares, dans la province de Madrid.

Page 109.

1. En 1830, suppression des vers 937-1012

Page 110.

1. Raccourci pathétique, par rapport a la version de cette réplique en 1830 : « Pour qui, sinon pour vous ? ».

2. Mlle Mars se refusa avec obstination à appeler Firmin son « lion » (non sans doute, comme on l'a avancé, parce que le mot pouvait déjà en 1830 désigner un dandy — tel que l'était Firmin dans sa vie —, mais plutôt parce que celui-ci n'avait nullement le caractère du « roi des animaux ») ; Hugo la laissa donc dire avec une extrême platitude : « Vous êtes mon seigneur vaillant et généreux. » Pourtant, Hernani était déjà désigné aux vers 808-809 comme le « lion de la montagne », en présence de doña Sol, don Carlos rêve d'être « le lion de Castille » (v 1218) et ce lion sera son emblème.

Page 112.

1. *Sforce :* Ludovic Sforza (1451-1508), duc de Milan célèbre pour ses débauches et pour ses crimes.

Page 113.

1. Ruy Velasquez de *Lara* (cf. v 1076), selon la légende, livra au calife qui tenait prisonnier son beau-frère, ses sept neveux qui auraient insulté sa femme. Le calife les décapita et fit servir leurs têtes en repas à son prisonnier (cf. Atrée et Thyeste).

2. En 1830, suppression des vers 1062-1078. Le vers 1079 (suite du vers 1062) commençait par « Oh ! je me vengerai ! »

Page 117.

1. *Boabdil :* dernier roi maure de Grenade (XVᵉ siècle), vaincu par Ferdinand le Catholique.
Mahom : Mahomet.

Page 118.

1. Cette scène fut raccourcie par Hugo pour la representation : il supprima principalement les vers 1135-1147 et 1192-1200. L'impatience des spectateurs risquait d'être égale à celle du roi !

Page 119.

1. En 1830, suppression des vers 1135-1146. Sur un « mouvement d'impatience de don Carlos », le vers 1147 commençait par « Écoutez-moi. »

Page 122.

1. En 1830, suppression des vers 1192-1199. À la suite de
« Prenez-la », le texte était : « *Don Carlos :* Ma bonté / Est à bout !
livre-moi cet homme. *Ruy Gomez :* Seigneur, en vérité, / J'ai dit ! »

Page 131.

1. Voir au sujet de cette injure la note de l'introduction (p. 24) et
à la p. 220 de l'Historique des représentations).

ACTE IV

Page 133.

1. Historiquement, tout cet acte est largement loin de la réalité :
l'élection de Charles-Quint eut lieu à Francfort, et le nouvel
empereur n'eut aucun conjuré à y condamner ou pardonner.

Page 137.

1. *Le collège :* celui des sept Grands Électeurs à l'Empire (archevê-
ques, rois et seigneurs d'Allemagne).

Page 138.

1. Ces vers 1375-1376 ont été modifiés selon l'exigence de la
censure en 1830. Hugo leur a substitué : « Pour un titre, ils
vendraient leur âme, en vérité. / Vanité ! vanité ! tout n'est que
vanité ! » Ces lieux communs étaient en effet inoffensifs ; en
revanche, quelle vigueur dans ce sarcasme d'un roi contre la « basse-
cour » !

Page 141.

1. La censure s'étant portée sur les vers 1415-1426, Hugo
supprima entièrement cette tirade en 1830, depuis le vers 1395.

Page 142.

1. Avec de menus changements pour deux raccords, suppression
en 1830 des vers 1437-1440, 1465-1472, 1485-1492, 1525-1536, 1547-
1555, 1567-1571, 1573-1577, 1581-1588. Ce monologue ne comportait donc en 1830 que 96 vers au lieu de 166.

Page 144.

1. *Grand comme le monde :* mot de Kléber glorifiant Bonaparte ; Hugo l'avait déjà repris en épigraphe au poème 39 des *Orientales*, intitulé *Bounaberdi*.

Page 147.

1. Ces mots de passe en latin comportent un jeu de mots intraduisible ; en désespoir de cause on pourrait proposer : « Aux sublimités par les difficultés » (mais *angusta* comportant l'idée d'étroitesse, il est plus courant de les rendre par : « Vers les cimes par les défilés. ») Ce qu'il y a de général dans cette formule (deux noms neutres au pluriel) contribue à lui donner le caractère d'une devise que Hugo pouvait faire sienne.

Page 153.

1. Postérieurement à 1841 Hugo a réécrit ainsi les vers 1640-1644 :

GOMEZ : Eh bien, écoute, ami. Je te rends ce cor.
HERNANI : Quoi ! / La vie ! — Eh ! que m'importe ! Ah ! je tiens ma vengeance ! / J'ai mon père à venger... peut-être plus encor ! / — Elle, me la rends-tu ?
GOMEZ : Jamais ! Je rends ce cor.

Le refus de Ruy Gomez dans cette version adoptée par les éditeurs du texte pour l'Imprimerie nationale était tout passionnel, puisqu'en rendant le cor, il rendait à Hernani sa liberté et, au moins, l'espoir de pouvoir reprendre doña Sol à Ruy Gomez. S'il est vrai que ce dernier vers met en avant l'attachement de l'un et de l'autre à la jeune fille, il reste que leur premier mouvement (dans l'esprit de Hugo) ne manifestait aucunement cette suprématie de l'amour.

Page 158.

1. *La sentence :* les trois mots *Mané, Thécel, Pharès,* dont Daniel expliqua le sens au roi de Babylone *Balthazar :* ils prédisaient sa fin prochaine. Voir ici l'introduction p. 19.

Page 159.

1. Le roi Wisigoth Rodrigue ayant outragé la fille du comte *Julien,* celui-ci, avec l'aide des Arabes, le tua.

Page 162.

1. Douze vers qui figuraient dans le manuscrit ont été ici abandonnés par Hugo. Voici les plus remarquables :

HERNANI : « *Oh! c'est trop de bonheur, et j'en ai du remords.*
      Doña Sol! Doña Sol! Mon père est chez les morts,
      Mon père veut du sang, mon père veut sa proie. »

Page 164.

1. Les vers 1783-1786 n'apparaissent que dans l'édition de l'Imprimerie nationale : addition tardive dont le dernier vers n'est pas fort catholique

ACTE V

Page 180.

1. L'ambiguïté inconsciente et tragique de ce vers est à la fois accrue et mêlée d'une sorte de dérision ou d'humour, puisqu'il transcrit le premier vers du poème de Vigny *Le Cor*, où étaient évoqués Roland, Charlemagne et, bien sûr, l'Espagne.

RÉSUMÉ

ACTE I : LE ROI

Une nuit, à Saragosse, dans une chambre du palais de don Ruy Gomez, oncle de doña Sol qu'il va épouser. Une duègne ouvre la porte à celui qu'elle croit être Hernani, jeune amoureux qui vient chaque soir en secret retrouver doña Sol. Mais le visiteur est un autre homme, au visage masqué. Il exige de la duègne qu'elle le cache : elle le fait entrer dans une armoire. Arrive doña Sol. (Scène 1.) La jeune fille accueille tendrement Hernani, qu'elle attendait avec inquiétude. Passionnément jaloux, Hernani la somme de choisir entre le duc Ruy Gomez et lui ; elle accepte de le suivre dès le lendemain soir, et de partager désormais sa dure et dangereuse existence de chef d'une bande de proscrits. Hernani évoque son serment de tuer le roi des Castilles, don Carlos, pour venger son père que le père du roi a fait jadis exécuter. Il va révéler son vrai nom quand l'inconnu sort de sa cachette ; Hernani le provoque en duel, mais on entend arriver le maître de maison. (Scène 2.) Indigné de la présence de ces deux jeunes hommes dans la chambre de doña Sol, il s'apprête à les mettre à mort, mais l'inconnu se démasque : il est don Carlos, et il feint d'être venu annoncer au duc Ruy Gomez la mort de l'empereur, auquel il compte bien succéder. Par ailleurs, il a donné l'ordre d'exterminer la bande des rebelles dont il ne connaît pas le chef ; malgré ses soupçons à l'égard de Hernani, il le laisse partir en le présentant comme étant de sa suite. (Scène 3.) Hernani resté seul retrouve toute sa haine et son devoir de vengeance. (Scène 4.)

ACTE II : LE BANDIT

La nuit suivante, devant le palais de Ruy Gomez, don Carlos guette l'arrivée de Hernani et la sortie de doña Sol. Ses courtisans ne lui laissent aucun doute sur le fait que Hernani est le chef des « bandits ». Il le fait arrêter et s'empare de doña Sol. (Scène 1.) Il va jusqu'à offrir à celle-ci de l'épouser ; elle le menace de se tuer, et appelle à son secours Hernani, qui s'est libéré et qui survient (Scène 2.) Prêt à tuer le roi, il renonce à ce qui serait un vil assassinat, et à son tour garantit la sécurité provisoire de son ennemi et rival (Scène 3.) Mais il s'estime désormais trop menacé pour accepter que doña Sol le suive ; puis, bouleversé par la protestation de celle-ci, il demeure à ses côtés, disposé à mourir ; mais l'alarme est donnée, il cède à l'objurgation de doña Sol qui le pousse à la fuite (Scène 4.)

ACTE III : LE VIEILLARD

La grande salle du château de Ruy Gomez dans les montagnes. Les noces du vieux duc avec doña Sol sont imminentes ; il implore d'elle au moins sa pitié. Leur dialogue est interrompu par l'annonce qu'un pèlerin demande asile au château, et que d'autre part la bande de Hernani a été détruite, son chef probablement tué. (Scène 1.) Le duc accueille le pèlerin, qui n'est autre que Hernani déguisé (Scène 2.) Désespéré, le fugitif, dont la tête est mise à prix, proclame son nom pour se faire tuer par quelque valet ; Ruy Gomez s'interpose et garantit autant qu'il le peut la vie de son hôte. (Scène 3.) Seul avec doña Sol, Hernani la bafoue sous l'impulsion de la jalousie, mais l'amour généreux de doña Sol lui fait honte de sa violence ; au-delà de son accablement, il retrouve avec elle le bonheur tragique de leur commune passion (Scène 4.) Ruy Gomez de retour les découvre enlacés ; soulevé d'indignation, il est sur le point de tuer son hôte, d'autant plus que doña Sol lui révèle que celui-ci a tout son amour. La situation change brusquement à l'annonce de l'arrivée du roi : Ruy Gomez revient à son devoir d'hospitalité, il fait entrer Hernani dans une cachette qui se trouve, à la suite des portraits de ses ancêtres, derrière le sien lui-même. (Scène 5.) Entre don Carlos qui exige que Hernani lui soit livré ; en réponse Ruy Gomez présente au roi les portraits de ses aïeux·

l'héritage de leur noblesse iu. npose de refuser au roi un acte déshonorant. Don Carlos lui impose un choix ru il livre Hernani ou il perd doña Sol. La mort dans l'âme, Ruy Gomez laisse le roi emmener doña Sol (Scène 6.) Alors, il provoque Hernani en duel ; mais celui-ci, apprenant l'enlèvement de doña Sol, révèle au duc que le roi est amoureux d'elle ; il décide le vieillard à s'unir à lui pour tuer don Carlos, après quoi le duc pourra disposer de sa vie, dès l'instant où celui-ci sonnera du cor qu'il lui remet. (Scène 7.)

ACTE IV : LE TOMBEAU

Dans les caveaux de la cathédrale d'Aix-la-Chapelle, au moment où les Grands Électeurs vont choisir le nouvel empereur. Au courant de la conjuration de ceux qui veulent le tuer pour qu'il n'accède pas au pouvoir suprême, don Carlos se fait redire par ses courtisans les noms des nobles qui y participent, mais il ignore encore que se trouvent parmi eux Ruy Gomez et Hernani. (Scène 1.) Demeuré seul, il envisage avec exaltation puis avec effroi sa grandeur prochaine. Troublé, il décide d'entrer dans le tombeau de Charlemagne pour demander à son ombre comment il devra gouverner le monde. Arrivent les conjurés. (Scène 2.) Ils tirent au sort celui d'entre eux qui tuera don Carlos. Ce sera Hernani. Ruy Gomez lui demande de lui céder ce rôle en échange de son cor et même de doña Sol. Hernani refuse, puisqu'il va pouvoir accomplir sa vengeance filiale. Retentissent alors les coups de canon qui annoncent l'élection de don Carlos. (Scène 3.) Le nouvel empereur — désormais Charles-Quint — sort du tombeau de Charlemagne. Il fait cerner les conjurés par ses soldats et amener doña Sol. Il ne voue à la mort que les conjurés de haute noblesse. Ainsi sauvé mais dédaigné, Hernani proclame sa véritable identité : il est grand d'Espagne et s'appelle Jean d'Aragon. Doña Sol implore pour lui la grâce de l'empereur, lequel, après un silence, la désigne comme future épouse de l'ancien Hernani, qui renonce alors à son serment filial et à qui, comme à tous les conjurés, l'empereur accorde son pardon, en signe de sa majesté suprême. (Scène 4.) Seul à nouveau, il s'incline devant le tombeau de celui qui lui a conseillé de commencer son règne par la clémence. (Scène 5.)

ACTE V : LA NOCE

Une terrasse du palais de la famille d'Aragon à Saragosse, à la fin nocturne de la fête nuptiale. De joyeux seigneurs voient passer un mystérieux « domino noir », dont ils plaisantent pour se défendre de l'effroi qu'il leur inspire. Entrent les jeunes mariés. (Scène 1.) Les seigneurs les saluent et s'en vont. (Scène 2.) Jean d'Aragon et doña Sol expriment tour à tour leur bonheur, quand retentit le son du cor que Hernani avait donné à Ruy Gomez. Brusquement rappelé à son fatal engagement, Hernani trouve un prétexte pour éloigner doña Sol. (Scène 3.) Entrée du « domino noir », c'est-à-dire de Ruy Gomez. (Scène 4.) Il cite les mots du serment que Hernani lui a fait, et ne lui laisse le choix que du moyen de se donner la mort le fer ou le poison. Hernani se résigne à celui-ci, puis implore un délai d'une nuit, que Ruy Gomez ne peut lui accorder. (Scène 5.) Doña Sol de retour découvre toute la situation ; elle s'emporte contre Ruy Gomez, puis le supplie en vain d'avoir pitié ; elle saisit alors la fiole de poison dont elle boit la moitié, et qu'elle tend ensuite à Hernani qui boit à son tour. Les deux jeunes gens agonisent en se disant une dernière fois leur amour ; aussitôt après Hernani, doña Sol expire Horrifié, Ruy Gomez se tue.

DU MÊME AUTEUR

Dans la même collection

HERNANI. *Édition présentée et établie par Yves Gohin.*

RUY BLAS. *Édition présentée et établie par Patrick Berthier.*

LUCRÈCE BORGIA. *Édition présentée et établie par Clélia Anfray.*

LE ROI S'AMUSE. *Édition présentée et établie par Clélia Anfray.*

MARIE TUDOR. *Édition présentée et établie par Clélia Anfray.*

Dans la collection Folio Classique

CHOSES VUES, 1830-1848.

CHOSES VUES, 1849-1885. *Édition présentée et établie par Hubert Juin.*

LES MISÉRABLES I et II. *Édition présentée et établie par Yves Gohin.*

NOTRE-DAME DE PARIS. *Préface d'Adrien Goetz. Nouvelle édition de Benedikte Andersson.*

LE DERNIER JOUR D'UN CONDAMNÉ. *Édition présentée et établie par Roger Borderie.*

QUATREVINGT-TREIZE. *Édition présentée et établie par Yves Gohin.*

LES TRAVAILLEURS DE LA MER. *Édition présentée et établie par Yves Gohin.*

HAN D'ISLANDE. *Édition présentée et établie par Bernard Leuilliot.*

L'HOMME QUI RIT. *Introduction de Pierre Albouy. Édition de Roger Borderie.*

LE THÉÂTRE EN LIBERTÉ. *Édition présentée et établie par Arnaud Laster.*

LE LIVRE DES TABLES [les séances spirites de Jersey]. *Édition présentée, établie et annotée par Patrice Boivin.*

CLAUDE GUEUX. *Édition présentée et établie par Arnaud Laster.*

BUG-JARGAL. *Édition présentée et établie par Roger Borderie.*

MANGERONT-ILS ?. *Édition présentée et établie par Arnaud Laster.*

NOTRE-DAME DE PARIS. UNE ANTHOLOGIE. *Préface d'Adrien Goetz. Édition de Benedikte Andersson.*

LES MISÉRABLES. UNE ANTHOLOGIE. *Préface de Mario Vargas Llosa. Édition d'Yves Gohin.*

COLLECTION FOLIO THÉÂTRE

Dernières parutions

144. Henrik IBSEN : *Une maison de poupée*. Édition et traduction de Régis Boyer.

145. Georges FEYDEAU : *Un fil à la patte*. Édition présentée et établie par Jean-Claude Yon.

146. Nicolas GOGOL : *Le Révizor*. Traduction d'André Barsacq. Édition de Michel Aucouturier.

147. MOLIÈRE : *George Dandin* suivi de *La Jalousie du Barbouillé*. Édition présentée et établie par Patrick Dandrey.

148. Albert CAMUS : *La Dévotion à la croix* [de Calderón]. Édition présentée et établie par Jean Canavaggio.

149. Albert CAMUS : *Un cas intéressant* [d'après Dino Buzzati]. Édition présentée et établie par Pierre-Louis Rey.

150. Victor HUGO : *Marie Tudor*. Édition présentée et établie par Clélia Anfray.

151. Jacques AUDIBERTI : *Quoat-Quoat*. Édition présentée et établie par Nelly Labère.

152. MOLIÈRE : *Le Médecin volant. Le Mariage forcé*. Édition présentée et établie par Bernard Beugnot.

153. William SHAKESPEARE : *Comme il vous plaira*. Édition de Gisèle Venet. Traduction de Jean-Michel Déprats.

154. SÉNÈQUE : *Médée*. Édition et traduction nouvelle de Blandine Le Callet.

155. Heinrich von KLEIST : *Le Prince de Hombourg*. Édition de Michel Corvin. Traduction de Pierre Deshusses et Irène Kuhn.

156. Miguel de CERVANTÈS : *Numance*. Traduction nouvelle et édition de Jean Canavaggio.

157. Alexandre DUMAS : *La Tour de Nesle*. Édition de Claude Schopp.

158. LESAGE, FUZELIER et D'ORNEVAL : *Le Théâtre de la Foire, ou l'Opéra-comique* (choix de pièces des années 1720 et 1721 : *Arlequin roi des Ogres, ou les Bottes de sept lieues, Prologue de La Forêt de Dodone, La Forêt de Dodone, La Tête-Noire*). Édition présentée et établie par Dominique Lurcel.

159. Jean GIRAUDOUX : *La guerre de Troie n'aura pas lieu*. Édition présentée et établie par Jacques Body.

160. MARIVAUX : *Le Prince travesti*. Édition présentée et établie par Henri Coulet.

161. Oscar Wilde : *Un mari idéal*. Édition d'Alain Jumeau. Traduction de Jean-Michel Déprats.

162. Henrik IBSEN : *Peer Gynt*. Édition et traduction de François Regnault.

163. Anton TCHÉKHOV : *Platonov*. Édition de Roger Grenier. Traduction d'Elsa Triolet.

164. William SHAKESPEARE : *Peines d'amour perdues*. Édition de Gisèle Venet. Traduction de Jean-Michel Déprats.

165. Paul CLAUDEL : *L'Otage*. Édition présentée et établie par Michel Lioure.

166. VOLTAIRE : *Zaïre*. Édition présentée et établie par Pierre Frantz.

167. Federico GARCÍA LORCA : *La Maison de Bernarda Alba*. Édition et traduction nouvelle d'Albert Bensoussan.

168. Eugène LABICHE : *Le Prix Martin*. Édition présentée et établie par Jean-Claude Yon.

169. Eugène IONESCO : *Voyages chez les morts*. Édition présentée et établie par Marie-Claude Hubert.

170. Albert CAMUS : *Requiem pour une nonne* [d'après William Faulkner]. Édition présentée et établie par Pierre-Louis Rey.

171. Ben JONSON : *Volpone ou le Renard*. Édition et traduction de Michèle Willems.

172. Arthur SCHNITZLER : *La Ronde*. Édition et traduction nouvelle d'Anne Longuet Marx.

173. MARIVAUX : *Le Petit-maître corrigé*. Édition présentée et établie par Henri Coulet et Michel Gilot.

174. Anton TCHÉKHOV : *La Mouette*. Édition de Roger Grenier. Traduction d'Elsa Triolet.

Impression Maury Imprimeur
45330 Malesherbes
le 29 mai 2017.
Dépôt légal : mai 2017.
1ᵉʳ dépôt légal dans la collection : mars 1995.
Numéro d'imprimeur : 217751.

ISBN 978-2-07-038657-4. / Imprimé en France.

321420